CHAMPFLEURY

LE SECRET

DE

M. LADUREAU

PARIS

LIBRAIRE DE LA SOCIÉTÉ DES GENS DE LETTRES
PALAIS-ROYAL, 17 ET 19, GALERIE D'ORLÉANS

LE SECRET

DE

M. LADUREAU

LIBRAIRIE E. DENTU

DU MÊME AUTEUR

Histoire de la Caricature antique. 2ᵉ édition augmentée, 1 joli vol. illustré de 100 grav. et d'un Frontispice. . . . . 5 fr.

Histoire de la Caricature au moyen âge. 1 vol. grand in-18 jésus illustré de 90 gravures et d'un Frontispice en couleur. . 5 fr.

Histoire de la Caricature sous la République, l'Empire et la Restauration. 1 vol. gr. in-18 jésus, illustré de 100 gravures et d'un Frontispice. . . . . 5 fr.

Histoire de la Caricature moderne. 2ᵉ édit. 1 beau vol illustré de 80 gravures et d'un Frontispice. . . . . 5 fr.

Histoire des Faïences patriotiques sous la Révolution. 2ᵉ édit. 1 vol. gr. in-18, jésus, imprimé avec luxe et orné d'un très grand nombre de gravures. . . . . 5 fr.

Il a été tiré un très-petit nombre d'exemplaires format in-8 cavalier. . . . . 10 fr.

Histoire de l'Imagerie populaire. 1 vol. gr. in-18 jésus orné de 50 gravures. . . . . 5 fr.

Il en a été tiré quelques exempl. sur papier de Hollande. 10 fr.

Souvenirs et portraits de Jeunesse. 1 vol. gr. in-18. . . 3 fr. 50

L'Hôtel des commissaires-priseurs. 1 vol. gr. in-18. . . . 3 fr.

L'Avocat touble-ménage. 2ᵉ édition. 1 vol. gr. in-18. . . 3 fr.

PARIS. — IMP. SIMON RAÇON ET COMP., RUE D'ERFURTH, 1.

CHAMPFLEURY

LE SECRET
DE
M. LADUREAU

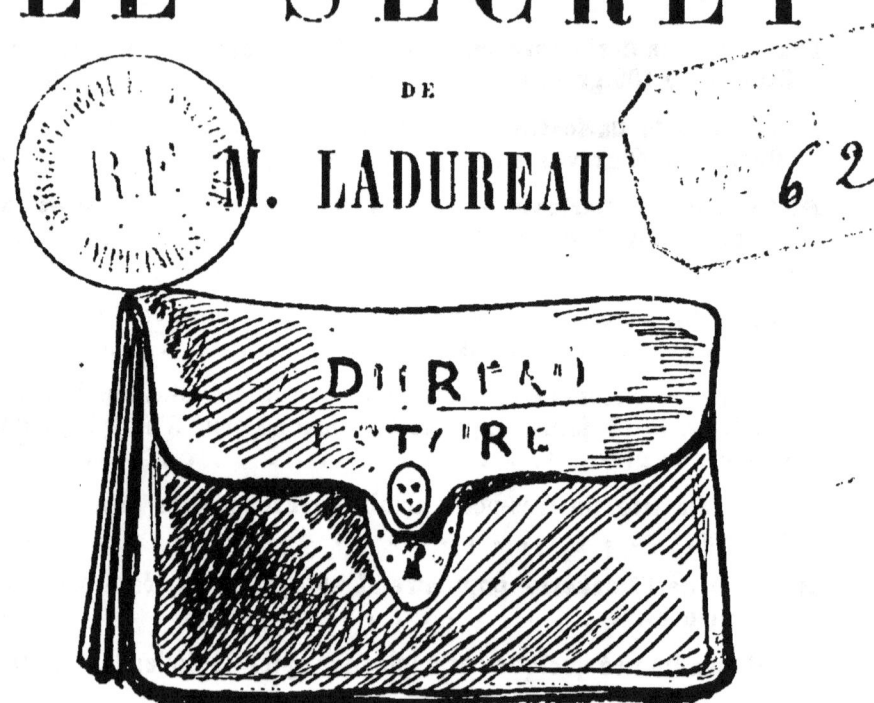

PARIS
E. DENTU, ÉDITEUR
LIBRAIRE DE LA SOCIÉTÉ DES GENS DE LETTRES
PALAIS-ROYAL, 17 ET 19, GALERIE D'ORLÉANS
—
1875
Tous droits réservés

A LA MÉMOIRE

DE PAUL DE KOCK

———

« On dit que gaillard et gaillardise
viennent *a gallica audacia*, et que
ceux sont appelés gaillards qui cou-
rageusement entreprennent quelque
chose, tant adventureuse soit elle. »
(GUILLAUME BOUCHET, *Serées*.)

CHAPITRE PREMIER

TERRIBLES ANGOISSES NOCTURNES

CHAPITRE PREMIER

TERRIBLES ANGOISSES NOCTURNES

Une pâle veilleuse projetait une lueur indécise sur les époux Ladureau, reposant dans une vaste alcôve. Leur sommeil était calme comme celui d'honnêtes gens auxquels nul être humain n'a aucun reproche à adresser.

La veille, le notaire Ladureau avait, dans la matinée, assisté à une levée de scellés à la campagne; par la même occasion, un paysan malade lui avait dicté son testament; l'après-midi, le notaire procédait à une adjudication au dernier feu. Toutes ces opérations avaient été parfaitement conduites par le chef de la communauté. De même pour son épouse à l'intérieur : la coulée d'une lessive dirigée par madame Ladureau avait fonctionné avec la régularité chère aux ménagères. C'est pourquoi, ayant conscience d'avoir accompli leur mission quotidienne, les deux époux avaient posé la tête sur l'oreiller en s'endormant du placide sommeil de province, tranquille et sans agitations.

Cependant un sourd murmure de voix, qui se fit entendre dans la cheminée de l'appartement, produisit une interruption dans la respiration cadencée du notaire, qui s'écria d'un ton de dépit : Maudits peintres!

Depuis huit jours, en effet, les peintres

restauraient le rez-de-chaussée de la maison, et ils venaient au petit jour afin de laisser libre le cabinet du notaire, qui avait à recevoir ses clients. Comme ces ouvriers s'inquiètent médiocrement de troubler le sommeil des gens, que d'habitude ils chantent, sifflent et causent, M. Ladureau se retourna dans le lit, enfonçant sa tête dans l'oreiller pour échapper aux bruits du rez-de-chaussée.

Un craquement de meuble se fit entendre tout à coup.

Le notaire se dressa sur le lit, comme mû par un ressort. Ses yeux, dans la direction de la fenêtre, interrogeaient un filet de lumière qui se glissait net et froid à travers l'ouverture du rideau et n'avait aucuns rapports avec les lueurs du petit jour.

Inquiet, M. Ladureau avança la main dans la direction de la table de nuit, prit sa montre et regarda le cadran à la lueur de la veilleuse.

L'aiguille marquait deux heures !

Pour s'assurer qu'il ne rêvait pas, le notaire porta la montre à son oreille. Elle marchait ! Si M. Ladureau n'avait pas perdu ses cheveux dans l'exercice du notariat, ils se fussent vraisemblablement dressés sur sa tête.

La sueur sur le visage, le notaire descendit de son lit et, debout au milieu de la chambre, écouta. Aucun bruit à ce moment ne se faisait entendre. Il alla à la fenêtre, tira les rideaux pour s'assurer qu'il n'était pas victime d'une illusion.

La lune impassible regardait ce qui se passait sur la terre.

— J'ai rêvé, pensa M. Ladureau qui reprit le chemin de l'alcôve.

En ce moment, le même craquement singulier qui s'était fait entendre par la cheminée, recommença. Cette fois le doute n'était plus possible.

Le bruit partait de l'étude située sous la chambre à coucher. Des gens y étaient entrés. Ce ne pouvaient être les peintres qui commençaient leurs travaux à pareille heure.

— Hé! cria M. Ladureau de toute la voix dont l'anxiété lui permettait de disposer, hé!

— Qu'y a-t-il? demanda la femme du notaire, réveillée en sursaut.

— Au nom du ciel, répondit M. Ladureau ému, ne bouge pas!... Des voleurs!

A son tour la bourgeoise se leva sur son séant.

— Des voleurs! s'écria-t-elle, tu rêves.

Cependant, sous le coup de cette révélation, elle baissait la tête et tendait l'oreille. Indécis et agissant machinalement, M. Ladureau était allé vers la porte de l'appartement pour la barricader. D'un coup d'œil il vit le pêne de la serrure fermé à double tour. Le notaire chancelant revint sur ses pas.

Une autre porte donne sur un petit cabinet de toilette dont les fenêtres regardent la rue. Cette porte était également fermée.

Il ne restait comme ouvertures que deux fenêtres donnant sur le jardin. M. Ladureau en ouvrit une.

— Aux voleurs ! cria-t-il de toute la force de ses poumons, aux voleurs !

Ce jardin est contigu à d'autres jardins. La seule façade latérale de la cathédrale entendit les cris de M. Ladureau, sans en paraître troublée.

Et cependant le notaire songeait qu'en ce moment son bureau pouvait être forcé, sa caisse découverte ! Une caisse qui contenait en valeurs plus de soixante mille francs !

Un bruit de pas précipités se fit entendre dans le corridor du rez-de-chaussée conduisant à l'escalier du premier étage. M. Ladureau cessa de craindre pour son argent : il tremblait pour sa vie.

— Ils montent, dit-il à sa femme, nous sommes perdus !

— Tais-toi, fit madame Ladureau, tais-toi !

A partir de ce moment un silence profond régna dans l'appartement. Au milieu, appuyé contre une table, le notaire, blanc comme un linge, épiait de quel côté viendrait l'attaque, de la porte faisant face à l'escalier ou de celle donnant sur le cabinet de toilette. On n'eût entendu dans cette chambre que d'effrénées pulsations de pouls, des battements de cœur à rompre la poitrine. Il ne s'agissait plus de la bourse ou de la vie ; c'étaient vraisemblablement l'un et l'autre qu'il fallait donner comptant à d'audacieux voleurs, à des assassins sans pitié.

D'abord pelotonnée dans son lit, la figure couverte d'un drap pour ne pas voir la mort en face, madame Ladureau avait tout à fait disparu.

Par un de ces mouvements nerveux dont le danger décuple la force, la femme du notaire, s'arc-boutant contre le mur, avait fait glisser le lit sur ses rainures; insinuée dans la ruelle, où elle s'était blottie entre les matelas, elle se faisait mince et fluette par un suprême effort.

Ce qu'était devenue sa moitié, M. Ladureau s'en préoccupait médiocrement à cette heure. Le peu de facultés qu'il n'avait pas engourdies à la suite de cet événement était tourné vers ses oreilles; seules elles pouvaient répondre aux questions qu'avec anxiété le notaire se posait. Les yeux tournés vers les oreilles leur demandaient à la fois conseils, aide et protection. Quant à la voix, elle se taisait, confuse d'avoir trahi son maître en haussant le ton, sans autre résultat que de se faire entendre des agresseurs nocturnes!

Un nouveau bruit retentit à l'étage inférieur. M. Ladureau n'hésita plus devant les dangers de la situation. Une housse entourait le piano et retombait droit, laissant un certain intervalle produit par le clavier qui forme angle avec la face principale de l'instrument.

Le notaire s'introduisit sous la housse et attendit.

Il était à peu près certain que les voleurs ne se mettraient pas au piano, même pour jouer l'ouverture de *Fra Diavolo*. Par son envergure et sa lourdeur, ce meuble serait le dernier qu'ils songeraient à emporter.

Dans son trouble, cherchant une arme quelconque pour se défendre, M. Ladureau porta instinctivement la main à sa robe de chambre et y trouva un canif. Robinson, dans l'île déserte, ne fut pas plus heureux en découvrant une hache dans les débris du navire naufragé.

Le notaire profita du canif pour faire une légère ouverture à l'un des coins de la housse. De là il pourrait observer les voleurs à leur entrée, se rendre compte de leurs intentions et au besoin modifier les siennes, car un plan se forma aussitôt dans son esprit. Si un des assaillants s'approchait du piano, ne serait-il pas utile de renverser l'instrument sur lui et d'écraser un ou deux de ces criminels qui, non contents de troubler le repos d'honnêtes gens, prétendaient s'approprier par la violence des fonds appartenant à des clients respectables?

Une demi-heure se passa de la sorte, pleine d'anxiétés diverses pour les deux époux.

La femme du notaire fut la plus courageuse. N'entendant aucun bruit, elle réussit à se dégager des matelas :

— Monsieur Ladureau! souffla-t-elle à demi-voix.

Comme personne ne répondait à son appel, elle revint à la charge.

— Monsieur Ladureau!

Étonnée de ne pas recevoir de réponse, la bourgeoise fut reprise d'un nouvel accès de terreur qui la rejeta derrière les rideaux du lit. La femme du notaire se demandait si, pendant son séjour entre les matelas, les voleurs n'étaient pas entrés dans l'appartement : qui sait s'ils n'avaient pas emmené son mari, s'ils ne l'avaient pas assassiné !

Cependant les rayons d'un soleil naissant s'étendaient à travers l'appartement; les oiseaux chantaient au dehors. Il était impossible que cette allégresse de la nature qui s'éveille fût de complicité avec les voleurs et ne les eût pas écartés du théâtre de leurs crimes.

Avec précaution madame Ladureau risqua un œil à travers le rideau du lit et d'un regard embrassa l'appartement dans lequel elle craignait de trouver son mari sans vie.

Pas de traces de sang ! Il n'y avait de rouge que les carreaux cirés la veille encore par Thérèse.

Mais comment se faisait-il que la servante, qui couchait au rez-de-chaussée, n'eût pas donné signe d'alarme? Cela tenait du mystère.

S'étant habillée à la hâte, la femme du notaire fit le tour de l'appartement et encore une fois appela : — Monsieur Ladureau !

— Pschttt ! fit un souffle de voix partant d'un endroit invisible.

Ayant cherché de quel trou de souris pouvait provenir cet appel au silence, madame Ladureau aperçut alors le gonflement produit sous la housse du piano par son mari pelotonné.

— Te voilà, dit-elle, en soulevant la toile, c'est bien heureux !

Le notaire se tira de dessous la housse du piano avec la couleur d'une écrevisse qui sort du pot. La position agenouillée, l'émoi avaient communiqué à son crâne, qui ressemblait d'habitude à une boule de billard immaculée, des tons de langouste ; les œufs rouges de la Noël n'étaient pas plus violacés que ses oreilles.

Le pauvre homme, encore tremblant, rougissait surtout d'être surpris en simple robe de chambre dans une pareille tanière, quand sa femme avait eu assez de courage pour revêtir ses habits et passer l'inspection de l'appartement.

— Que fais-tu là? demanda-t-elle à son mari.

— J'attends les voleurs, fit M. Ladureau en brandissant son canif.

La femme du notaire haussa les épaules.

— Des voleurs! Allons donc!

— Qui a fermé la porte au dehors?

— Thérèse, sans s'en apercevoir.

— Et la porte du cabinet?

— Nous allons bien voir, dit madame Ladureau, qui tira le cordon de la sonnette.

La sonnette fit entendre un carillon clair

sans harmonie avec les transes de la nuit.

— Ne sonne-t-elle pas comme d'habitude? reprit la femme du notaire.

M. Ladureau était profondément humilié, se croyant le jouet d'un mauvais rêve. Cependant Thérèse ne répondait pas à l'appel.

— La paresseuse! s'écria madame Ladureau en agitant le cordon de la sonnette.

— Quand je te dis qu'il se passe ici quelque chose d'extraordinaire! reprenait le notaire.

Une troisième fois madame Ladureau secoua le cordon de la sonnette, mais avec une telle frénésie que le gland à tresse bleue de ciel, ornement principal du manteau de cheminée, lui resta dans la main. Furieuse de ce dommage, la femme du notaire alla à la fenêtre et remplaça la sonnerie par des accents aigus qui troublèrent le silence de la rue.

— Thérèse ! Thérèse ! Thérèse ! criait-elle.

Seule lui répondit une nuée de corbeaux qui s'échappèrent de la tour de la cathédrale, aussi effrayés que s'ils avaient entendu armer un fusil.

— La malheureuse ! s'écria madame Ladureau. Pourvu qu'elle n'ait pas été assassinée !

CHAPITRE II

LES ANGOISSES CHANGENT DE NATURE SANS SE DISSIPER

CHAPITRE II

LES ANGOISSES CHANGENT DE NATURE SANS SE DISSIPER

En ce moment on entendit frapper à la grande porte de la rue.

— Six heures, dit le notaire. Voilà les peintres. Tout va s'expliquer.

Mais à l'intérieur personne ne répondit au bruit du marteau de la porte.

— Es-tu bien sûr des mœurs de Thérèse? demanda M. Ladureau à sa femme.

— Tu badines... Une fille de cinquante ans!... Quelle opinion as-tu de notre sexe?

Trois fois au dehors le marteau de fer fit un appel à l'ouverture de la porte, et trois fois resta sans réponse.

— Nous ne pouvons cependant demeurer ainsi enfermés toute la journée, disait M. Ladureau ; et mes clients !...

Il alla jeter un coup d'œil sur le jardin situé au-dessous des fenêtres de la chambre à coucher et revint l'oreille basse, jugeant qu'il ne pouvait pas se permettre une descente d'une telle hauteur.

Cependant, au dehors, on entendait un bruit de voix confus. Quelque chose de particulier se passait dont ne pouvaient se rendre compte le mari et la femme.

Des allées et venues se succédaient dans l'antichambre, des exclamations, un bruit de pas dans l'escalier et enfin l'ouverture de la chambre à coucher.

— La porte de l'étude est enfoncée !

s'écria un ouvrier peintre qui vint délivrer les prisonniers.

— Grand Dieu ! fit M. Ladureau.

— Mon échelle trouvée dans la rue, ajouta l'ouvrier... La servante bâillonnée dans la cuisine !...

Avec la rapidité d'une trombe, M. Ladureau descendit l'escalier, sans s'inquiéter comment on s'était introduit dans la maison. Tout d'abord il se précipita dans l'étude, et son premier coup d'œil fut pour la tapisserie qui masquait la caisse. Le papier de tenture couleur chocolat qui la recouvrait était intact.

Les voleurs n'avaient pas découvert dans quelle partie de l'appartement était caché le coffre-fort. M. Ladureau n'en ouvrit pas moins la serrure, dont les combinaisons étaient en bon état.

Dans le portefeuille, les billets de banque

se pressaient les uns contre les autres comme d'habitude. Le notaire les compta : pas un ne manquait à l'appel ; dans les casiers vivaient en bonne intelligence les rouleaux de louis.

M. Ladureau poussa un fort soupir de satisfaction. Mais, en se retournant, il tressauta.

Il était évident que le bureau avait subi des assauts violents de la part des voleurs. Deux tiroirs portaient des blessures béantes, qui déshonoraient le meuble.

Certainement, à l'endroit de la serrure, des pesées avaient été pratiquées avec un instrument qui avait écaillé le placage d'acajou du secrétaire.

En ouvrant ce tiroir, sans avoir besoin de clef, le notaire poussa une exclamation :

— Les misérables ont volé mon portefeuille !

— Qu'est-ce qu'ils ont pris? demanda madame Ladureau, qui entrait dans la pièce.

— Mon portefeuille.

— Ton portefeuille! Que contenait-il?

Le notaire ne répondit pas tout d'abord.

— Parle donc, reprit madame Ladureau.

— Il n'y avait rien dans le portefeuille.

— Dieu soit loué! s'écria la femme du notaire... En tous cas, ce n'est pas la bonne volonté qui a manqué à ces brigands... Tu vas les dénoncer immédiatement...

— A quoi bon? dit M. Ladureau.

En ce moment entraient dans la cour les ouvriers, les voisins et voisines, curieux de contempler le théâtre des événements.

— Vite, qu'on aille prévenir le commissaire, les gendarmes! s'écria madame Ladureau.

— C'est inutile, lui dit à voix basse le notaire.

— Comment, tu ne veux pas qu'on poursuive ces brigands? demanda la bourgeoise étonnée.

— Tais-toi, tais-toi! lui souffla son mari dont la voix était devenue atone.

Madame Ladureau regarda le notaire jusqu'au fond de la conscience. Son abattement était considérable.

— Qu'as-tu? lui demanda-t-elle.

— Ah! ce portefeuille! Plaise au ciel qu'il ne soit pas retrouvé! murmura M. Ladureau.

CHAPITRE III

INSTRUCTION CRIMINELLE DIFFICILE DÈS LE DÉBUT

CHAPITRE III

INSTRUCTION CRIMINELLE DIFFICILE DÈS LE DÉBUT

Une heure après apparurent successivement le sous-préfet, le procureur du roi, le juge d'instruction, le commissaire de police, le juge de paix et le lieutenant de gendarmerie suivi de quatre hommes. Une tentative de vol chez un notaire était pour la petite ville un de ces événements qui ne se représentent pas assez fréquemment pour que tous les fonctionnaires n'aient à cœur d'en prendre leur part.

CHAPITRE III

INSTRUCTION CRIMINELLE DIFFICILE DÈS LE DÉBUT

Une heure après apparurent successivement le sous-préfet, le procureur du roi, le juge d'instruction, le commissaire de police, le juge de paix et le lieutenant de gendarmerie suivi de quatre hommes. Une tentative de vol chez un notaire était pour la petite ville un de ces événements qui ne se représentent pas assez fréquemment pour que tous les fonctionnaires n'aient à cœur d'en prendre leur part.

Il ne manquait pas non plus de curieux des deux sexes qui, volontiers, eussent fait irruption dans l'étude de M. Ladureau; mais le lieutenant de gendarmerie mit bon ordre à cette curiosité.

Quatre hommes de garde furent placés, sabre au poing, dans la rue, avec ordre de s'opposer à l'entrée de toute personne étrangère, et il fallut de vives intercessions de l'agent-voyer chef et du percepteur des contributions, pour que ces honorables fonctionnaires pussent pénétrer dans la maison du notaire.

Malgré le trouble dans lequel cette aventure jetait M. Ladureau, rien à cette heure ne pouvait s'opposer à l'instruction.

Tout d'abord il fut constaté que, dans la nuit, des malfaiteurs avaient escaladé le mur donnant sur la rue; une fois sur la crête de la muraille, ces gens avaient trouvé l'échelle servant aux peintres, et ils s'en étaient servis pour opérer tranquillement leur descente.

Vers une heure du matin, ils pénétraient dans un cabinet attenant à la cuisine, où couchait la servante.

En se sentant prendre à la gorge et introduire un bâillon dans la bouche, Thérèse crut d'abord à un cauchemar; mais, liée fortement par deux hommes, elle fut forcée de reconnaître la réalité de cette agression nocturne. Toutefois il lui était impossible de donner le signalement des voleurs, à cause de la faible lueur qui régnait dans la cuisine.

M. Ladureau respira. Sur la figure des bandits, la servante ne pouvait donner nul renseignement. Thérèse avait entendu seulement deux voix qui menaçaient de l'étrangler si elle prononçait une seule parole; mais le son de ces voix faisait partie des rêves, et quand, réveillée, elle se fut assurée que ses jours étaient menacés, en personne prudente la servante se résigna à ne faire aucun mouvement, sentant qu'elle était au pouvoir de bandits qui n'avaient qu'un coup de pouce à donner pour la faire passer de vie à trépas.

A la question du juge d'instruction si ces voix appartenaient à des gens de la campagne ou de la ville, Thérèse ne put répondre, pas plus qu'à celle relative au toucher des mains des voleurs, à savoir si elles étaient douces ou rudes. Pour rudes, la servante y inclinait volontiers, en raison du traitement brutal qu'elle avait subi.

Pendant cette déposition, le juge d'instruction épiait avec attention l'allure des peintres qui vaquaient à leurs travaux.

— Votre odorat, demanda-t-il à la servante, n'a pas été frappé par une odeur particulière lors de l'apparition des malfaiteurs?

La servante regarda le magistrat avec étonnement, une telle question semblant avoir un rapport trop direct avec un nez étoffé, dont les narines étaient particulièrement développées.

— Je vous demande si les vêtements de ces gens ne laissaient pas quelque odeur après eux?

Le nez de Thérèse protesta par une sorte de reniflement que lui non plus n'avait recueilli aucun indice pouvant mettre sur la piste des auteurs du crime.

— Existe-t-il des forçats en surveillance qui soient employés dans les fermes des alentours? demanda le juge d'instruction au lieutenant de gendarmerie.

— Oui, quelques-uns.

— J'en ai la liste à mon bureau, dit le commissaire de police.

— Les hommes qui se sont introduits ici nuitamment, reprit le juge d'instruction, devaient connaître l'étude.

— Je n'ai pas de forçats parmi ma clientèle ! s'écria le notaire.

— Sans doute, monsieur Ladureau ; mais nous voguons sur les eaux de l'hypothèse... D'abord, je veux entendre les peintres.

Un gendarme alla chercher les ouvriers qui collaient du papier dans la pièce où se tiennent habituellement les clercs. Sur l'heure exacte où ils étaient partis, sur la position de l'échelle contre le mur, les peintres furent longuement interrogés.

M. Pequeyrolles, en matière d'instruction, était minutieux comme un peintre de miniatures. Un atome de poussière lui servait de bloc pour asseoir les plus grosses accusations. Pas de cuisinière qui pût lutter avec lui pour retourner un objet sur le gril. Comment les voleurs avaient su qu'une échelle était dressée contre le mur intérieur, voilà ce que le magistrat voulait tirer des peintres.

— Eh! monsieur, dit l'un d'eux, éclatant en face des soupçons qui semblaient peser sur lui et son camarade, allez le demander aux gens qui sont venus samedi dans la maison !

— Je vous serai obligé de me répondre et non de me donner des conseils, dit M. Pequeyrolles. Je ne vous accuse pas ; mais je déplore votre négligence, car vos travaux terminés, il vous était facile de coucher votre échelle par terre, ainsi que les ouvriers soigneux le pratiquent habituellement.

— Est-ce nous qui avons préparé des tonneaux dans la rue pour grimper sur le mur?

demanda l'ouvrier, qui voulait avoir le dernier mot.

Il fallut au caractère investigateur du juge d'instruction une idée exacte des engins qui avaient été si favorables à l'entreprise des voleurs.

Les tonneaux appartenaient à un épicier du centre de la ville, qui déposait dans un hangar touchant à la maison du notaire les caisses et les tonnes vides servant au transport des produits de son commerce. Le hangar n'était pas fermé à clef; un simple loquet suffisait pour la clôture d'une porte qui n'avait à protéger que des objets sans importance.

L'épicier mandé déclara que chaque samedi, afin de mettre de l'ordre dans sa boutique, il expédiait toute caisse vide au hangar dont la porte restait ouverte à deux battants une partie de la journée.

Les voleurs certainement avaient dû remarquer ce détail, et M. Pequeyrolles commença à se fixer dans l'esprit le samedi comme jour où fut réalisé le plan des malfaiteurs.

A l'intérieur, une grande vitre donnant dans la pièce des clercs avait été maladroitement cassée par les peintres. De là il était facile d'arriver à la porte du cabinet de M. Ladureau.

Un voisin pouvait avoir eu connaissance de ce détail ; mais la rue tout entière était habitée par des bourgeois d'une réputation irréprochable.

Outre la population vivant de l'église, c'est-à-dire les vicaires, les chantres, les bedeaux, le suisse, c'étaient des rentiers sortant rarement de leur coquille, des militaires retraités, de vieilles demoiselles vouées aux pratiques du culte et qui, en dehors des affaires de sacristie, n'entretenaient aucuns rapports avec les gens du pays. Tout ce quartier, adossé à la cathédrale, vivait sous l'aile de la religion, et ce n'était pas dans un groupe de gens s'occupant de promenades, de jardinage, de confréries et de prières, qu'il fallait chercher les auteurs ou les complices du crime.

Cependant, poussé sur la pente qui se produit naturellement au début d'une instruction criminelle, M. Pequeyrolles, avant d'étendre son cercle d'inductions, ne quittait pas de l'œil le rayon restreint qui entourait le drame.

— Vous êtes sûr de vos clercs? demanda-t-il au notaire.

— Comme de moi-même, dit M. Ladureau. Le petit saute-ruisseau est de la ville, et mon maître clerc serait déjà établi s'il avait trouvé la dot suffisante pour payer sa charge.

— La dot était toute trouvée dans votre caisse ! s'écria M. Pequeyrolles.

M. Ladureau, se jugeant offensé dans sa dignité professionnelle, répondit :

— Ce n'est pas là habituellement qu'un futur notaire puise des fonds pour s'établir ; et je réponds entièrement de mon maître clerc.

— A quelle heure vient-il habituellement ? demanda M. Pequeyrolles.

— Il est fort exact, il ne tardera pas...

— Nous l'interrogerons aussitôt son arrivée, dit le juge d'instruction.

Le cabinet du notaire communique avec la pièce où travaillent les clercs. Dans ce cabinet les voleurs s'étaient trouvés en face d'une porte fermée dont ils avaient fait sauter avec peine la serrure. Cela se voyait aux éraillures et aux entailles pratiquées dans le bois.

M. Pequeyrolles regarda longuement la serrure.

— Mal outillés, dit à voix basse le juge d'instruction au procureur du roi. Ce n'est pas ainsi que procèdent les voleurs de profession.

CHAPITRE IV

DIFFICULTÉS POUR ÉTABLIR LA COULEUR D'UN PORTEFEUILLE

CHAPITRE IV

DIFFICULTÉS POUR ÉTABLIR LA COULEUR D'UN PORTEFEUILLE

Après cette constatation les deux magistrats pénétrèrent dans l'étude, théâtre du drame.

— Lieutenant, dit le juge d'instruction à l'officier de gendarmerie, que personne n'entre ici... Il y a des traces de pas.

Sur le parquet se remarquaient en effet des empreintes plâtreuses provenant sans doute des débris de démolition accumulés dans la cour par les peintres. Ces pas, d'une assez grande dimension, furent mesurés avec soin.

— Ou je me trompe fort, ou c'est dans la campagne qu'il faut chercher les auteurs du crime, dit l'officier de gendarmerie.

— Votre caisse intacte, dit le procureur du roi à M. Ladureau, donne à croire que les voleurs n'en soupçonnaient pas l'existence.

— Peut-être ont-ils désespéré de la forcer, reprit le juge d'instruction.

Dans cette pièce tout fut inspecté scrupuleusement, depuis la bibliothèque qui tapissait une partie des murs jusqu'aux bustes de Rogron et de Delvincourt qui se faisaient face et avaient dû lancer des regards d'indignation sur les malfaiteurs osant troubler nuitamment ce sanctuaire juridique.

— On a forcé le bureau, dit M. Pequeyrolles, et encore ici la maladresse se fait remarquer dans le crochetage de la serrure.

L'acajou plaqué avait été déchiqueté par les instruments des voleurs et un tiroir, divisé en une série de compartiments irréguliers, gisait à terre.

— Monsieur Ladureau, à quoi servait ce tiroir? demanda le juge d'instruction.

— Il contenait de la monnaie pour changer; c'est cette monnaie qui m'a été prise.

— A combien estimez-vous la somme qui vous a été volée?

— Soixante-cinq à soixante-dix francs.

Il fallut donner également le détail de cette somme, en monnaies diverses.

Sous le tiroir existait une ouverture profonde, vide en ce moment.

— Les voleurs, dit le juge d'instruction, ont connu l'existence de ce double-fond. Que contenait-il?

Tout d'abord, le notaire ne répondit pas, les yeux tournés sur cette ouverture.

— Eh bien, monsieur Ladureau, demanda le juge d'instruction, vous ne nous dites pas ce que contenait la cachette?

— Ce n'est pas une cachette! s'écria le notaire.

— Mettons un double-fond. Il était masqué par le casier où se trouvait l'argent en monnaie... Quand le casier a été enlevé, les voleurs ont vu le double-fond.

— Sans doute, dit le notaire, qui regardait le double-fond avec l'anxiété d'un homme qui va se jeter au fond d'un précipice.

— Dites-nous, je vous prie, monsieur Ladureau, ce que contenait le double-fond?

— Des papiers.

— Quelle nature de papiers?

— Oh! sans importance.

— Vous rangiez des papiers peu importants dans une pareille cachette ?

M. Ladureau se gratta l'oreille avec des signes d'hésitation.

— Par habitude. Étant à mon bureau, je n'avais qu'à soulever le petit tiroir à la monnaie pour trouver sous ma main les lettres, ainsi que diverses notes prises au jour le jour.

— Pourquoi les voleurs auraient-ils emporté ces papiers ?

— Ils ont sans doute cru que le portefeuille qui contenait mes notes devait être bourré de billets de banque.

— Ce détail est important, reprit le juge d'instruction. Il y avait donc un portefeuille ?

— A proprement parler, ce n'était pas tout à fait un portefeuille, ajouta M. Ladureau dont le trouble était visible.

— Expliquez-vous plus catégoriquement, dit M. Pequeyrolles se complaisant dans ces menus détails. Comment appelez-vous la chose qui renfermait les papiers?

— Je suis un peu embarrassé par les diverses dénominations appliquées suivant les corporations. Les avocats et les gens de Palais disent serviette; chez les marchands on désigne cette enveloppe sous le nom de chemises; moi je disais indistinctement mon portefeuille ou ma serviette.

— Si je ne me trompe, l'objet dérobé ressemblait à celui-ci? dit le juge d'instruction en montrant sur le bureau une liasse de dossiers contenue dans un maroquin sombre.

— A peu près.

— L'enveloppe était noire?

— Peuh! fit le notaire.

— Je vous en prie, monsieur Ladureau, précisons. De quelle couleur était l'enveloppe ?

— C'est que...

— Eh bien ? reprit le magistrat...

— Cela semble facile au premier abord, dit le notaire...

— Greffier, écrivez que la serviette était jaune, reprit le juge d'instruction d'un ton caustique.

— Oh ! non, dit M. Ladureau.

— Était-elle rouge ?

— Non plus.

— Alors ?

— La couleur ne ressemblait pas à toutes les couleurs, dit le notaire.

— Vous entendez par là que l'objet, ayant servi un certain temps, avait perdu sa coloration primitive.

— Précisément.

— Mais cette réponse ne m'indique pas quelle couleur affectait la serviette quand vous l'avez acquise.

— Il y a si longtemps, reprit M. Ladureau.

— Où avez-vous acheté cette serviette?

— Je l'avais fait venir d'un magasin de Paris qui tient les objets habituels aux notaires.

— La serviette portait sans doute la marque du fabricant?

— Je n'ai jamais vu de marque.

— C'est fâcheux... J'aurais fait interroger par un de mes collègues ce fabricant, puisque vous ne pouvez me donner une idée de la coloration de l'objet.

— Mon Dieu, ce que contenait le portefeuille était de peu d'importance, ainsi que j'ai eu l'honneur de vous le dire.

— Il semblerait résulter de vos réponses, monsieur Ladureau, que les voleurs ont été déçus dans leur coupable attente?

— Complétement.

— Maintenant, il s'agit d'en terminer, dit M. Pequeyrolles.

Le notaire respira, déchargé d'une vive oppression.

— Nous avons laissé en blanc la couleur du portefeuille, et l'omission d'un détail de cette importance me serait reprochée à juste titre par le chef du parquet.

En ce moment le notaire eût étranglé volontiers l'inquisiteur minutieux qui épiloguait sur une tête d'épingle.

A la suite d'une série d'incessantes questions où la couleur et le nombre de poches que contenait le portefeuille furent définitivement constatés, le juge d'instruction se retira.

— Je croyais M. Ladureau plus intelligent, dit-il au procureur du roi qui l'accompagnait.

CHAPITRE V

L'OBSERVATEUR, LE GUETTEUR ET L'ÉCLAIREUR SONT INDISPENSABLES POUR APPELER L'ATTENTION SUR DES CRIMINELS IMPUNIS

CHAPITRE V

L'OBSERVATEUR, LE GUETTEUR ET L'ÉCLAIREUR SONT INDISPENSABLES POUR APPELER L'ATTENTION SUR DES CRIMINELS IMPUNIS

L'émotion des bourgeois de la ville, en apprenant le vol Ladureau, fut considérable et détermina dans les boutiques de quincailliers une vente extraordinaire de cadenas, de verroux et de targettes ; les serruriers purent à peine répondre aux demandes de consultations.

Chacun inspectait ses serrures et se demandait quels ressorts mystérieux il convenait d'y adapter. De mémoire de vieillard on n'avait entendu parler de semblables effractions dans ce bienheureux pays où tant de têtes s'enfonçaient tranquillement sur l'oreiller conjugal, et la puce de la crainte s'attacha désormais à l'oreille de plus d'un habitant.

Vraisemblablement les bois des alentours recélaient une bande de voleurs qui pouvaient tenter de nouveaux coups. A la façon dont le crime avait été commis, aux circonstances particulières qui l'enveloppaient, il était à craindre que des scélérats sans principes ne s'en tinssent pas au vol.

Le coup de pouce dont avait été menacée Thérèse n'indiquait-il pas des préoccupations de meurtre?

Il existe dans la localité trois journaux : *l'Observateur*, *le Guetteur*, *l'Éclaireur*, qui ne cessèrent dès lors d'observer, de guetter pour leurs concitoyens et de les éclairer.

Les deux premiers organes, médiocrement attentifs jusqu'alors, promirent de redoubler de zèle et se réunirent pour accuser *l'Éclaireur* qui n'avait pas projeté les feux de sa lanterne sur de si criminelles entreprises : naturellement *l'Éclaireur* se rejeta sur *l'Observateur* qui n'observait pas et *le Guetteur* qui ne guettait rien.

Cette polémique, qui ne fut pas sans vivacité (il fut même question d'un duel entre *l'Observateur* et *le Guetteur*) eût entretenu longtemps la défiance dans les esprits quand bien même l'attitude du notaire et de sa femme n'eût contribué à avertir leurs concitoyens de se tenir sur leur garde.

Madame Ladureau, dont la conduite courageuse pendant cette nuit pleine d'alarmes fut connue, porta dès lors des traces de soucis sur son second visage, car elle en avait deux.

Par un rare privilége de la nature, cette grosse personne avait conservé intacte sa physionomie de jeunesse. Tout ce qui était tissu graisseux, amené par l'âge, s'était arrêté autour de la figure et formait un cadre de lymphe joyeuse, qui partait des oreilles insensiblement et s'étendait dans tout son développement sous le menton ; mais les traits primitifs de vingt-cinq ans auparavant n'avaient subi que peu d'altérations et permettaient de saluer la femme du notaire du titre de « toujours jeune. »

Toutefois, à partir de l'escalade des voleurs dans la maison, certaines inquiétudes assombrirent la physionomie de madame Ladureau, préoccupée des agitations de son mari.

Un mystère désormais se dressa entre ces deux êtres.

M. Ladureau, qui déjà s'était trahi par une singulière exclamation avant l'arrivée des magistrats instructeurs, détournait la conversation quand on parlait de voleurs; et il entra dans une irritation particulière quand il connut la déposition de son maître clerc, qui, mandé au parquet, avait mis la main de la justice sur le premier fil d'un nœud criminel enchevêtré.

Les samedis, consacrés aux marchés, sont les jours où les fermiers, venant à la ville, entretiennent les notaires de leurs affaires. Souvent la pièce où se tiennent les clercs est encombrée de clients attendant leur tour pour entrer dans le cabinet du patron.

Le maître clerc se rappela que, parmi ces gens, deux paysans s'étaient présentés la veille du crime pour demander du papier timbré.

On en manquait à l'étude, et comme M. Ladureau avait donné des ordres pour que personne n'entrât dans son cabinet avant la sortie d'un client, le clerc jugea qu'il ne convenait pas de déranger son patron pour un tel détail.

Les deux paysans attendirent debout.

Exceptionnellement l'audience du notaire avait été longue. Pour se désennuyer, les paysans allèrent sur le seuil de la porte, arpentant la cour et regardant en apparence les fleurs des plates-bandes.

Enfin ils furent introduits dans le cabinet de M. Ladureau, et le maître clerc qui les précédait remarqua avec quelle difficulté l'homme, qui demandait du papier timbré, dénouait les cordons de sa bourse de cuir.

Ces menus faits, qui se représentent chaque jour et auxquels on prête peu d'attention, prennent des proportions considérables, enchâssés dans le cadre d'une instruction criminelle.

Ce n'est pas le cadavre qui fait connaître les auteurs d'un crime, mais une épingle oubliée par eux et dont il faut retrouver le fabricant ; aussi n'admire-t-on pas assez le travail mystérieux des juges d'instruction, ces habiles ouvriers mosaïstes, qui posent l'un à côté de l'autre, avec une méthode si patiente, les petits dés qui concourent à la parfaite ordonnance d'un acte d'accusation.

M. Ladureau, rappelé au cabinet de M. Pequeyrolles pour être interrogé de nouveau après la déposition de son maître clerc, se rappela seulement alors les deux paysans, la bourse de cuir dont le nœud avait été si long à délier et la vente de feuilles de papier timbré; mais à partir de ce jour il prit en grippe l'employé trop clairvoyant qui mettait la justice sur la piste des voleurs.

CHAPITRE VI

PHÉNOMÈNE PHYSIOLOGIQUE INEXPLIQUÉ PAR LA SCIENCE

CHAPITRE VI

PHÉNOMÈNE PHYSIOLOGIQUE INEXPLIQUÉ PAR LA SCIENCE

Pour bien faire comprendre les inquiétudes de madame Ladureau, il est indispensable de se reporter à quelques années antérieures, à l'époque où le tempérament du notaire subit une de ces modifications qui échappent à la science.

M. Ladureau s'était marié maigre, et particulièrement nerveux. Indifférent aux choses de la vie, excepté à celles qui touchaient à sa charge, il remplaçait les prévenances extérieures par des qualités de notaire étudiant à fond ses dossiers ; aussi jouissait-il de la réputation d'un homme de cabinet, surchargé d'affaires, ne parvenant pas à s'en débarrasser dans la vie et par cela même médiocrement sociable.

M. Ladureau parlait brièvement, quand il parlait : son tempérament le poussait à des façons de voir impératives qui faisaient autorité en matière de consultations, mais qui manquaient de liant dans les relations habituelles avec ceux qui l'entouraient.

La femme du notaire fut souvent blessée des aspérités d'un tel caractère, dont la constitution ne portait pas absolument à des prévenances. Plus encore que ses concitoyens à qui la vie de province enlève la délicate poussière d'ailes de papillon que Paris appelle fantaisie, M. Ladureau poussait le positivisme jusqu'à l'extrême limite.

La fantaisie pouvait-elle d'ailleurs se loger dans les contrats, baux, testaments, ventes de terre, placements à effectuer pour la clientèle de l'étude? Ces affaires, M. Ladureau les ruminait à la façon d'un bœuf amaigri par trop de sillons creusés, et il lançait volontiers des coups de corne à ceux qui ne se rangeaient pas immédiatement à ses avis.

— Ce notaire-là n'est point commode, disaient les paysans qui avaient subi ses coups de boutoir.

— Au fait! s'écriait d'un ton brusque M. Ladureau, fatigué d'entendre le déluge de paroles des gens de campagne si diffus quand il s'agit de traiter d'une affaire.

Quand, au sortir de l'étude, le notaire entrait dans la cuisine, la servante tremblait d'être en retard de quelques secondes.

M. Ladureau avait eu pendant cinq ans un

maître clerc dont il se louait : il le mit à la porte sans vouloir l'entendre, l'ayant surpris composant des vers pour une actrice de passage dans la ville.

Cet homme précis exigeait que toute besogne fût exécutée à l'heure dite, comme il l'avait combinée. Si madame Ladureau perdait quelques minutes à sa toilette, alors même qu'il s'agissait de rendre en ville une visite officielle, le notaire ne l'attendait pas et partait seul, disant que sa femme était indisposée.

La moindre contrariété faisait vibrer les nerfs de M. Ladureau et les cinglait d'une sorte de coup de fouet qui se communiquait à tous ceux qui l'approchaient. Tyran dans son ménage, tyran dans son étude, tyran en affaires, le chétif Ladureau l'était.

Comment se fit-il qu'après dix années de ménage le caractère du notaire se modifia tout à coup? Les gens de la ville en attribuèrent le bénéfice à madame Ladureau qui avait su ployer cette barre de fer. Mais était-ce du fait d'une épouse, jusque-là courbée sous le joug, que le notaire de blafard était devenu coloré, d'anguleux harmonieux, de maigre gras?

Sans doute la puissance des femmes est grande. Comme la goutte d'eau qui creuse les grès les plus durs, elles possèdent presque toutes la pierre ponce nécessaire pour polir les aspérités du roc; mais elles éteignent plutôt une lumière qu'elles ne la ravivent, et l'homme vit entouré de Dalilas qui lui coupent régulièrement les cheveux, sans compter les Omphales qui le font filer doux.

Soucieux, M. Ladureau devint déluré sans que ce phénomène inquiétât le vieux médecin de la maison. Jadis le notaire se levait mélancolique, ne pensant qu'à ses dossiers. Il ouvrit la paupière en chantant comme un oiseau. De flegmatique, il devint communicatif. Il méditait sur les affaires de ses clients et en parlait jadis sur un ton grave; actuellement il les traitait en sceptique.

Quand M. Ladureau avait dressé le contrat d'une vieille coquette riche avec un jeune homme pauvre, d'un podagre avec une ingénue, sans respect pour le mandat officiel qui devait lui commander une certaine réserve, le notaire racontait joyeusement à sa femme, en lui pinçant la taille, qu'il avait prêté une fois de plus son concours à un ménage qui s'annonçait sous les auspices les plus défavorables.

Et comme de semblables faits se présentaient fréquemment, madame Ladureau eut la taille pincée avec une prodigalité qu'elle n'avait pas soupçonnée jusqu'alors.

Si, à la suite d'un appel au dehors pour dresser un testament, le notaire rentrait la figure joyeuse :

— Il y a donc encore quelque héritier déshérité? demandait madame Ladureau à son mari.

Non pas que le notaire fût une de ces natures aigries qui se plaisent aux malheurs de l'humanité. Mais l'intérêt, qui sert en apparence de trait d'union dans la vie à des êtres immédiatement désunis par la cupidité, avait changé M. Ladureau en philosophe qui souriait du mal que se donnent les humains à changer leur existence douce et facile en une vie de haines et de rancunes.

D'année en année les cheveux de M. Ladureau donnèrent congé à leur propriétaire; mais la coloration du teint remplaça ce vain ornement.

— C'est une économie de perruquier. Tu me broderas une calotte grecque, disait le notaire à sa femme en lui pinçant la taille.

Tout devenait prétexte à pincer la taille de madame Ladureau qui n'avait jamais été si heureuse.

CHAPITRE VII

L'ESPRIT DE MADAME LADUREAU TRAVAILLE

CHAPITRE VII

L'ESPRIT DE MADAME LADUREAU TRAVAILLE

Les événements de la nuit du 1er mai, joints à la contrainte qui régna désormais entre les époux, ne ramenèrent pas la placidité habituelle de l'intérieur.

La femme du notaire, depuis le drame, était prise de soupçons bizarres ; elle rêvait portefeuille comme un ambitieux qui aspire à devenir ministre.

Que pouvait contenir le portefeuille enfoui dans le double fond du bureau ? Quelque correspondance mystérieuse, le déroulement d'une intrigue, des lettres d'amour, un portrait peut-être !

Être trompée par un Ladureau semblait cruel à la bourgeoise. Elle se jugeait mieux conservée que son mari ; tout le monde le lui répétait, sans compter son miroir. Cela n'était pas juste. Non, M. Ladureau n'était plus assez jeune pour se permettre de galantes incartades, et son canif était trop ébréché pour donner des coups dans le contrat.

Cependant, à s'en rapporter aux propos de la ville, on comptait un certain nombre de bourgeois d'apparence respectable et qui, malgré leur âge, se laissaient entraîner dans des aventures, non pas relevées ni piquantes, mais qui prouvaient que le pot-au-feu matrimonial ne suffit pas à toutes les natures.

Deux ou trois bourgeoises émancipées,

des couturières jeunes et agaçantes, des servantes qui ne restaient jamais plus de sept mois en place, formaient une liste connue dont madame Ladureau étudia tous les noms, sans pouvoir en piquer un avec l'épingle empoisonnée d'une rivale en état de légitime défense.

Le notaire allait trop irrégulièrement au cercle, dont il était membre, pour qu'un échafaudage quelconque pût être basé sur ses absences.

— Je suis perdu! s'était écrié, le soir de la découverte du vol, M. Ladureau d'un ton qui, s'il avait été entendu du juge d'instruction, eût suffi pour le faire mettre en état d'arrestation.

Fallait-il le considérer comme d'accord avec les voleurs ou fabricateur de faux billets de banque?

L'assoupissement particulier aux provinciaux leur donne des facultés pareilles à celles des chats, qui ne ferment jamais complétement les yeux. Avant de procéder à l'interrogatoire de celui qu'elle accusait de la tromper, madame Ladureau songea longuement. Elle aussi avait son instruction à faire.

Plus d'une fois elle épia le sommeil de son mari, qu'elle tenait pour un profond coupable.

A diverses reprises elle palpa les poches des vêtements jetés sur les chaises à côté du lit conjugal ; avec une anxiété fébrile, elle feuilleta les papiers que M. Ladureau portait dans sa redingote.

Il lui arriva au petit jour de se glisser dans l'étude à l'aide de clefs qu'elle avait prises à son mari endormi, et de jeter un regard inquisiteur sur le bureau de celui dont elle ne pouvait parvenir à pénétrer le mystère. Alors, perplexe, elle restait en contemplation devant ce meuble qui, s'il n'eût pas été d'un bois si dur, lui eût certainement livré le secret du notaire. Qu'avait-il renfermé dans ses flancs? Qu'avait contenu la cachette jadis? Car maintenant M. Ladureau ne devait plus rien confier à un meuble qui s'était laissé violer si facilement.

La bourgeoise forçait mentalement les serrures, cherchait des tiroirs qui n'existaient pas et plongeait du regard dans un double fond mystérieux. Elle revenait de l'étude avec l'idée que si M. Ladureau avait encore de nouveaux secrets, il les cachait prudemment dans des endroits moins visibles.

Plus d'une fois la femme du notaire fatigua de questions les clercs. Ceux-ci s'arrêtaient à l'entrée des paysans dans l'étude et n'en savaient pas plus. Madame Ladureau attendit qu'avec le temps une lueur vînt l'éclairer ; mais elle attendit prudemment, comme ces agents de police à qui aucun indice n'apparaît et qui continuent à vaquer à d'autres occupations, ayant dans la mémoire un feuillet plié à l'endroit où a été constaté le crime.

CHAPITRE VIII

DU ROLE DES FEMMES INTELLIGENTES DANS LA MAGISTRATURE.

CHAPITRE VIII

DU ROLE DES FEMMES INTELLIGENTES
DANS LA MAGISTRATURE

Alors était attaché au parquet le juge d'instruction Pequeyrolles, qui avait été saisi de l'affaire. D'apparence froide et réservée, ce magistrat était atteint d'un ictère permanent amenant une légère teinte jaune dans les prunelles de ses yeux.

Ces sortes de troubles sont habituellement le partage des ambitieux. Par suite de son ambition, le foie du juge fonctionnait médiocrement et la bile s'écartait des sentiers tracés par la nature. Bile et foie n'empêchaient pas le magistrat d'être scrutateur par excellence.

Se plaisant médiocrement dans la société des hommes, M. Pequeyrolles vivait plus volontiers sur son propre fonds; il s'entretenait fréquemment avec lui-même, était soucieux de sa santé, se regardait tous les matins avec anxiété le teint dans son miroir, et comme l'estomac du juge d'instruction fonctionnait irrégulièrement, même au plus fort des travaux de cabinet le magistrat tirait sa montre du gousset, ouvrait la boîte et regardait la réverbération de sa langue dans la cuvette d'argent poli qui formait miroir. C'était le seul travers connu de M. Pequeyrolles.

Il est donné par compensation à ces gens maladifs de poursuivre patiemment les entreprises les plus longues. Doué d'une nature d'observateur comparable à celle des sauvages, M. Pequeyrolles, quand il avait affaire à un de ces criminels qui préfèrent garder l'anonyme, le suivait par la pensée et, grâce à cette faculté, valait mieux à lui seul qu'une brigade de gendarmerie.

Les auteurs de forfaits qui s'étaient soustraits momentanément à la vindicte des lois, ne se doutaient guère qu'au fond de son cabinet, dans un fauteuil de cuir vert, le juge d'instruction suivait leurs pas et voyageait avec eux.

Chaque coupable à découvrir faisait allonger le pas de M. Pequeyrolles dans la voie de la décoration, car le magistrat ne pardonnait pas aux relaps d'éloigner le ruban rouge qui eût relevé l'aspect bilieux de sa physionomie.

Ce juge, à qui nul détail n'échappait, avait été frappé de l'attitude du notaire, de son trouble lors de l'enquête, de ses réponses ambiguës et de ses perplexités dans le cabinet du greffe.

— Après tout, ces gens n'ont rien pris d'important, disait M. Ladureau, donnant une sorte d'absolution aux voleurs.

— Vous parlez bien légèrement, monsieur, de criminels que le bagne attend.

— Ils ne m'ont, à vrai dire, causé aucun tort, répondait le notaire.

Une telle insouciance ne répondait pas à l'idéal caressé par M. Pequeyrolles. Son emploi ne lui permettait pas de laisser continuer leur métier à des gens qui s'introduisaient nuitamment dans une maison habitée, garrottaient la servante et pratiquaient des pesées sur les meubles qu'ils jugeaient devoir contenir d'importantes valeurs. M. Pequeyrolles n'avait donc pas abandonné les coupables auteurs qui avaient choisi la première nuit du mois de mai pour perpétrer leurs forfaits.

Quoique le juge d'instruction n'envoyât pas inutilement des cavaliers faire des ombres sur les routes départementales avec leurs grands chapeaux à cornes, des poursuites lentes et discrètes ne s'en décalquaient pas moins dans le cerveau du magistrat. Il l'avait disposé en chambre noire où tous les objets, si minces qu'ils fussent, venaient se réfléchir.

L'homme quelquefois fermait les yeux : c'était sa façon de regarder à la lucarne intérieure pour voir si quelque indice nouveau n'était pas fixé dans la mystérieuse chambre cérébrale.

Ce magistrat était marié à une femme qui, de tous points, contrastait avec lui. Alerte, vive, se plaisant aux choses extérieures, un peu intempérante de langage, madame Pequeyrolles offrait avec le juge un de ces contrastes qui, parfois, produisent les excellents ménages. Quoique la gaie personne aimât par-dessus tout la conversation et ne trouvât pas le même amour de paroles chez son mari, elle avait été frappée de la machine à coudre silencieuse à l'aide de laquelle le juge ajoutait un point à un autre point, jusqu'à ce que l'étoffe d'une instruction difficile fût terminée.

Ainsi que certaines femmes qui savent apprécier les qualités qui leur manquent, elle admirait l'art avec lequel était lancée la navette que son mari, tisserand ingénieux, faisait jouer pour arriver à un résultat.

Pénétrer au fond des mystères dont s'entoure le crime semblait à madame Pequeyrolles plus intéressant que la lecture d'un poëme, et elle avait autant d'enthousiasme pour les travaux de son mari que la femme du sous-préfet pour M. de Lamartine, dont les *Méditations* rendaient alors toute créature rêveuse.

Ce lierre, qui s'entourait si complaisamment à un ormeau du parquet, avait fini par rendre le juge d'instruction réellement épris de sa femme.

Pour l'intéresser plus directement à ses travaux et lui témoigner une absolue confiance, le magistrat donnait à copier à sa femme ses rapports au chef du parquet, et c'était avec une sorte de jouissance que madame Pequeyrolles se plongeait dans le débrouillement d'hiéroglyphes juridiques dont le dessin représentait les agitations de l'esprit du juge.

Un soir qu'au coin du feu, le juge d'instruction était enfoncé dans son fauteuil, regardant les joyeuses étincelles du foyer et soucieux malgré tout :

— Qu'as-tu, bichon? demanda madame Pequeyrolles.

Car il ne faut pas que les beaux jeunes gens se croient seuls appelés de doux noms d'animaux dans l'intimité. La magistrature, elle aussi, revendique ce privilége.

— Je n'ai rien, ma caille, répondit le juge.

La même observation s'applique aux jeunes dames qui, volontiers, s'imaginent accaparer tous les noms d'oiseaux.

— Quelque chose te préoccupe, reprit la caille, qui méritait par sa corpulence de bon aloi d'être interpellée si amicalement.

— Cette affaire Ladureau me tourmente, s'écria le juge d'instruction.

— Je le sais, bichon, dit la femme du juge en déposant sur le front de son époux un baiser de nature à lui faire oublier les soucis qu'engendraient les mystères du vol Ladureau.

Une ombre d'affection passa sur les traits flegmatiques du magistrat, dont le métier n'était pas précisément de sourire.

— Oui, reprit le juge d'instruction, l'affaire Ladureau m'absorbe, je n'en dors pas, et je serais heureux de décharger la moitié de ce poids sur une personne intelligente et affectueuse.

— Que faut-il faire, bichon? Parle.

— Je me demande si la fréquentation de madame Ladureau n'apporterait pas quelque lumière dans cette obscurité?

— Elle m'est antipathique! s'écria madame Pequeyrolles.

— Tu vois combien l'affaire est difficile; tu regimbes dès le premier mot.

— Je rendrai visite à madame Ladureau s'il le faut... Ensuite?

— Voilà, reprit M. Pequeyrolles... Un secret qui m'échappe existe entre les deux époux... M. Ladureau a constamment répondu d'une manière évasive à mes questions, et quand je l'ai revu chez lui, il m'a semblé, à la façon dont la femme et le mari se regardaient, que tout n'était pas dit..... Malheureusement je ne puis disposer à l'égard de victimes des moyens dont m'arme la loi vis-à-vis des prévenus ; l'affaire est arrêtée à sa racine, faute de témoignages.

La femme du magistrat écoutait avec recueillement les paroles qui s'échappaient de la bouche de son mari, paroles qui empruntaient une gravité particulière à une longue lèvre supérieure rasée de près.

— Si nous prenions à notre service la cuisinière des Ladureau ?

— Tu veux donc me faire mettre au ban de la ville ! répondit le juge. Enlever une servante à une personne de connaissance, c'est impossible... Si on se doutait des motifs qui me font agir ! D'ailleurs, j'en suis certain, la cuisinière a dit tout ce qu'elle savait... Elle est venue à mon cabinet ; je l'ai retournée dans tous les sens...

— Bichon ! bichon ! s'écria madame Pequeyrolles d'un ton de reproche.

Un trois quarts de sourire se posa sur les lèvres du juge.

— Cette servante âgée (le magistrat appuya sur le mot) ne cache rien... Elle est trop naïve pour ne pas être franche...

— Mais, dit madame Pequeyrolles, quel intérêt pousserait M. Ladureau à se taire sur le crime dont il a été victime ?

— C'est justement ce que je cherche sans le trouver.

— Pauvre ami ! s'écria la femme du juge en embrassant de nouveau ce front sous l'enveloppe duquel dansaient tant de questions.

— Est-ce que tu n'as pas été frappée de l'aspect prospère de M. Ladureau depuis quelques années?

— Il a engraissé.

— Oui, beaucoup engraissé, dit le juge.

— Ne sois pas jaloux, bichon... Je ne te souhaite pas un pareil embonpoint.

— Moi non plus; mais je m'étonnerais moi-même si je perdais tout à coup ma maigreur pour arriver à une bouffissure insolite. Je dis donc qu'il s'est produit chez M. Ladureau un de ces phénomènes particuliers aux banquiers... Le ventre de M. Ladureau est insolent; son gilet, je ne sais pourquoi, me rappelle ceux des manieurs d'argent.

— Tu crois donc, bichon, que l'argent entre pour quelque chose dans l'affaire Ladureau ?

— Je fais plus que de le croire, j'en suis certain... Les notaires disposent des fonds de leurs clients ; ils agiotent et malheureusement pour la corporation, nous en voyons trop condamner en cour d'assises. La mine actuelle de Roger Bontemps de M. Ladureau m'est d'autant plus suspecte qu'elle devient une attrape pour les naïfs. On confie difficilement ses fonds à un être maigre et inquiet ; l'argent se précipite follement dans la caisse d'un homme plaisant et réjoui.

— Tu connais assez intimement les personnes considérables de la ville pour obtenir des renseignements.

— Oh! ma chère, quelle circonspection et quelle prudence il faut dans de telles investigations !

M. Pequeyrolles se leva.

— Si encore, dit-il, j'étais sur la trace de quelque femme !

— Tu crois que M. Ladureau tromperait son épouse?

— Je ne sais rien, malheureusement... Je cherche... C'est un pénible métier que celui de juge d'instruction! s'écria M. Pequeyrolles.

— Pauvre ami! reprit la femme du juge. Prends patience.

— Le président du tribunal m'a dit de plus quelques mots qui méritent réflexion. De temps en temps il m'aborde en me demandant où en est l'affaire Ladureau. Tu penses combien il m'est pénible d'avouer que l'instruction n'a pas fait un pas. Cette année, je comptais sur la décoration à laquelle je tiendrais médiocrement si mes collègues n'en portaient les insignes... Je fais triste figure à côté d'eux, avec ma robe noire sans l'ornement que je crois avoir mérité.

— Certainement, c'est une injustice, fit la femme du juge.

— Sans exagérer ma valeur, reprit le magistrat, je vaux bien M. Barbazan, qui a été décoré l'an passé. Quels services a rendus au parquet M. Barbazan ?

— Il est le parent d'un maître des requêtes, dit madame Pequeyrolles.

— Et M. Plaisance, avait-il des titres à l'ordre de la Légion d'honneur ?

— Tu oublies la cour assidue que M. Plaisance a faite au dernier bal de la quête à la femme du député Tardivot.

— Et Lehujeur! Pourquoi a-t-on décoré Lehujeur?

— Tu sais bien, bichon, que cette coquette de madame Lehujeur est au mieux avec un chef de division du ministère de la justice.

— La nomination de Lehujeur a en effet scandalisé tous les membres du parquet... Mais on ne peut pas empêcher que tout dans ce monde se fasse par les femmes... C'est pourquoi j'avais pensé à toi.

— Voudrais-tu qu'à mon âge, je fisse la coquette avec M. Ladureau?

— Non; mais après quelques visites à madame Ladureau, il te sera facile de conquérir son amitié; elle te prendra pour confidente... Ne doit-elle pas porter le poids de la moitié du secret de son mari?

— C'est de la trahison entre femmes.

— Tu refuses?

— Oh! méchant bichon, je fais tout ce que tu m'ordonnes.

Le même jour, sans perdre de temps, la femme du juge d'instruction alla lever les plans de la place assiégée, c'est-à-dire qu'elle fit une longue visite à madame Ladureau, fort éloignée de soupçonner les tendresses de celle qui l'appelait « ma toute belle. »

Comme toutes choses désagréables tendent à s'effacer de la mémoire, madame Ladureau avait presque oublié le souvenir de la fatale nuit de mai. Les soupçons étaient rentrés dans leur lit et M. Ladureau ayant repris sa placidité habituelle, les mauvaises pensées qui avaient assiégé sa femme étaient actuellement muettes. Elle en était revenue aux détails importants de la vie domestique, à savoir que toute denrée renchérissait sur le marché et qu'il était difficile de tenir table honorablement sans se lancer dans des dépenses superlatives.

Dans sa conversation se mêlaient à doses égales les tracas de blanchisseuses aux mariages qui se préparaient en ville. Madame Ladureau, à force d'art, en était arrivée à gratter la réputation de ses voisins sans trop les écorcher.

En écoutant cette gazette vivante agricole, industrielle et peu littéraire, qui donnait en feuilleton le drame de certains ménages, madame Pequeyrolles s'assura qu'aucun indice relatif aux voleurs ne ressortirait d'un tel abus de paroles.

Toutefois, rendant confidences pour confidences, la femme du juge d'instruction répliqua en opposant l'amidon qu'elle employait pour ses canezous aux coquetteries d'une directrice des postes nouvellement arrivée dans la ville; elle eut un mot piquant pour la troupe de comédiens qui venait de débuter par l'opéra-comique du *Calife de Bagdad,* la pierre de touche des chanteurs de province, et elle insista particulièrement sur le changement probable du capitaine de gendarmerie, espérant que ce fait réveillerait les souvenirs de madame Ladureau.

Il n'en fut rien. Alors, démasquant à demi ses batteries, madame Pequeyrolles parla des travaux de son mari, des nombreux interrogatoires qu'il avait à faire subir en ce moment et de la besogne dont incidemment elle se trouvait chargée par suite de ce surcroît d'instructions.

— Vraiment, madame, vous pouvez vous assujettir à pareille besogne? dit madame Ladureau.

— Ce n'est pas un assujettissement, loin

de là, ma toute belle... Je me sens fière de collaborer, dans une certaine mesure, aux difficultés dont sont hérissées la plupart des affaires criminelles.

Ce mot *affaires criminelles* fut souligné avec art par madame Pequeyrolles.

Comme madame Ladureau ne sourcillait pas, la femme du juge remit à une seconde séance le jeu de nouvelles pièces d'une artillerie de plus longue portée.

CHAPITRE IX

ROSES ET LAPINS

CHAPITRE IX

ROSES ET LAPINS

Le hasard parut d'abord servir mieux M. Pequeyrolles que son habileté. A l'époque des vacances revint à la maison paternelle son fils, qui faisait ses études dans un collège de Paris.

Ayant conquis une sorte de distinction parisienne, Charles Pequeyrolles fût arrivé des Indes qu'il n'eût pas été plus choyé par sa mère.

Elle ne pouvait se lasser de le regarder,

de le caresser, et comme il en est des enfants de même que des bijoux nouveaux dont les femmes aiment à se parer, madame Pequeyrolles présenta son fils à la plupart des dames de la ville.

Ce bijou, que la vie n'avait pas encore rayé et qui conservait tout son brillant, fut mené d'abord à la sous-préfecture et chez la femme du maire, autant pour lui donner un aperçu de la société que pour en tirer gloire. Charles Pequeyrolles obtint un certain succès dans les salons du receveur général, et la femme du président du tribunal, personne poétique, dit à madame Pequeyrolles, « qu'on en rêverait. »

Toutefois ces visites intéressaient médiocrement le jeune homme : c'étaient partout le même roulement de conversation, la même gourme provinciale qui ne permettent guère la liberté d'esprit.

Charles se regarda comme condamné à lire et relire un almanach, car la majeure partie de la conversation avait trait au temps pluvieux ou venteux : dix à quinze minutes étaient consacrées invariablement à discuter sur la girouette ou le baromètre ; puis venait l'état des récoltes, la plupart des bourgeois possédant un petit jardin aux environs de la ville. L'article confitures prenait un autre quart d'heure, et les derniers moments étaient consacrés à scruter les arrêtés municipaux et les actes des fonctionnaires du pays. Ce qui eût pu passer à une première visite faisait dresser l'oreille à une seconde ; la répétition des mêmes motifs de conversation fatiguait à la troisième entrevue et devenait intolérable à la quatrième.

Telles étaient les corvées auxquelles était assujetti, par suite d'amour maternel, un pauvre garçon avide d'indépendance et de liberté.

Et il fallait ainsi continuer la tournée près des principaux habitants de la ville! Charles, quoique plein d'affection pour sa mère, lui déclara cependant combien lui pesaient les attitudes solennelles, les bouches pincées, les airs prudes de dames âgées qui, par leur mine, semblaient se garer contre les entreprises de galants qui ne se montraient pas.

Une seule visite vint trancher sur cette monotonie.

Madame Ladureau avait près d'elle une de ses nièces qui venait passer un mois dans la petite ville. Marguerite, dont les parents habitaient Dijon, jouissait du charme particulier aux femmes de cette contrée, c'est-à-dire d'une sorte d'arrière-reflet espagnol, transmis par droit de conquête dans le sang bourguignon.

La jeune fille, promenée également par sa tante de maison en maison, trouva, elle aussi, ces visites monotones. Dès le lendemain de son arrivée, Marguerite regrettait Dijon, où la vie est plus familière et moins rêche.

Pour échapper autant que possible à ces terribles visites, la jeune fille feignait une passion exagérée pour les travaux à l'aiguille, et elle brodait quand le fils du juge d'instruction vint en compagnie de sa mère rendre visite à madame Ladureau; mais Marguerite eut un œil distrait pour son travail et l'autre attentif pour le jeune homme qui lui faisait oublier la collection de figures bourgeoises qu'elle subissait habituellement.

De son côté, Charles, ayant laissé sa mère recommencer avec madame Ladureau les inévitables conversations d'almanach, regarda la jolie figure à demi penchée sur la broderie et la main leste et fine qui jouait capricieusement avec l'aiguille. Sans analyser ce qu'offraient de piquant ces jeux d'une main mutine, Charles éprouva une sorte de charme particulier qu'il n'avait jamais ressenti jusque-là.

Madame Ladureau proposa de faire un tour de jardin; les deux jeunes gens la suivirent, d'abord un peu indécis, sans savoir comment aborder l'entretien.

Dans l'angle du jardin est une petite cabane à travers les treillages de laquelle on aperçoit des lapins pelotonnés. Charles et Marguerite s'arrêtèrent devant les grandes oreilles et les nez mobiles d'animaux que l'ombre d'un bruit met en mouvement. Les lapins grignotaient quelques herbes et regardaient les visiteurs d'un œil timide et suppliant.

— Attendez, mes petits, dit Marguerite

qui courut à un rosier, cueillit une touffe de fleurs et la jeta dans la cabane des lapins à travers le grillage.

— Des roses ! s'écria Charles étonné.

— Vous ne saviez pas que les lapins les aiment ? demanda Marguerite.

Elle ouvrit le treillage et emplit de nouveau la cabane d'une moisson de fleurs sur laquelle les lapins se précipitèrent.

— Je t'y prends encore, ma nièce, dit madame Ladureau qui surprit les jeunes gens en contemplation devant les lapins broutant des roses. Tu ferais mieux d'en offrir une à monsieur, ajouta-t-elle.

En même temps la femme du notaire faisait hommage à madame Pequeyrolles d'une rose qu'elle venait de cueillir; mais Marguerite, confuse de la recommandation de sa tante, n'y répondait pas et sa confusion redoublait encore par suite de sa timidité.

Enfin elle en prit son parti ; cueillant une fleur moins rose que ses joues, elle la tendit avec un mouvement charmant de pudeur à Charles Pequeyrolles.

C'étaient encore deux enfants. Ils sentaient en eux quelque chose de chaste et d'indécis qui déterminait des battements de cœur, remuait tout leur être et l'agitait de sentiments confus.

En prenant congé des dames, Charles fut tenté de dire à sa mère combien il trouvait Marguerite aimable ; il s'en garda comme s'il eût posé le pied au bord d'un précipice.

C'était au plus profond de son cœur que le jeune homme voulait enfouir cette impression de printemps. Eût-il pu avouer à quelqu'un ce qu'il ne s'avouait pas à lui-même ?

A peine sorti de la maison du notaire, Charles quitta sa mère sous prétexte d'aller voir un de ses anciens camarades de jeunesse. La vérité est qu'il brûlait du désir d'emporter ses sensations dans la solitude, de les étaler et d'en emplir ses regards.

Des tableaux mouvants comme des nuages se succédaient dans son esprit, légers, diaphanes et fantasques. De longues oreilles de lapins s'agitaient, en même temps que le nez en perpétuelle évolution de ces animaux semblait marmotter de douces paroles aux roses avant de les croquer.

Dans l'œil débonnaire des lapins, Charles voyait réfléchie l'image de Marguerite, dont les sourcils noirs et doux faisaient battre le cœur du jeune homme.

Tous les détails de cette vision se reliaient par des guirlandes printanières de fleurs et de feuillage. Une liqueur excitante semblait avoir été mêlée au sang du jeune homme, et il aurait cru avoir fait un rêve si la rose n'eût pas été attachée à sa boutonnière.

CHAPITRE X

UN BOUQUET, DEUX BOUQUETS

CHAPITRE X

UN BOUQUET, DEUX BOUQUETS

Cependant, M. Pequeyrolles s'enquérait auprès de sa femme de l'état dans lequel elle avait trouvé les divers membres de la famille du notaire.

— Je n'ai pas vu M. Ladureau qui était sorti, dit-elle; quant à sa femme, elle a un air de santé florissante. Je crois même que sa taille s'est un peu développée.

— Elle aussi engraisse! s'écria le juge d'instruction désappointé.

Alors madame Pequeyrolles raconta à son mari comment elle et son fils avaient été accueillis, la jolie nièce que madame Ladureau avait près d'elle et la rose dont elle avait fait cadeau à Charles.

— Bon ! s'écria le juge d'instruction, tu n'as pas perdu ton après-midi... Tu retourneras demain chez madame Ladureau.

— Demain ! dit madame Pequeyrolles. Y penses-tu ? Cela ne se fait pas... Ce serait vraiment abuser... Il est dans la règle que j'attende maintenant la visite de madame Ladureau.

— Et si elle ne venait pas ? reprit le juge d'instruction qui regrettait de ne pas laisser une souricière en permanence dans la maison du notaire.

— Madame Ladureau ne peut répondre à ma visite par une impolitesse, et, le cas échéant, il me faudrait observer les usages.

— Les usages, la règle, ma chère amie, n'ont rien de commun avec une affaire grave.

— Cependant, dans une petite ville?...

— Ne nous arrêtons pas à la forme, dit M. Pequeyrolles... Il est telles circonstances qui forcent l'homme à plier... D'ailleurs, j'ai mon plan.

— Dis-le moi.

— Tu verras.

Le lendemain le juge d'instruction emmena son fils en promenade aux environs de la ville. Un bras passé sous celui de Charles, le magistrat semblait plutôt un ami qu'un père.

— Et bien, heureux gaillard, lui dit-il, une jolie personne t'a donc donné une rose?

Charles détourna la tête pour cacher son émotion.

— Ta mère assure que cette demoiselle Marguerite est fort agréable... Comment la trouves-tu?

Le jeune homme regardait son père d'un air étonné. Jamais il ne lui avait entendu traiter pareil sujet.

— Tu ne réponds pas... Est-ce que la nièce de Ladureau ne serait pas à ton goût? A-t-elle de l'esprit?

— J'ai à peine causé avec elle, dit le jeune homme.

— Qu'importe! Tu penses, sans doute, à répondre à sa délicate intention?

Le fils du juge semblait confus.

— Te voilà bien embarrassé, n'est-ce pas? Ah! les jeunes gens d'aujourd'hui ne sont pas galants! Dans mon temps j'aurais déjà envoyé en signe de remercîment deux bouquets, un pour la tante, un pour la nièce.

— Des bouquets ! s'écria Charles.

— Et deux beaux encore... Allons, tu ne sais pas ton métier de garçon, et je veux te donner une leçon.

En arrivant aux environs de la ville, le juge prit une ruelle écartée.

— Voilà la maison aux prévenances, dit-il à son fils en le faisant entrer chez un jardinier du faubourg.

Le jeune homme suivit son père avec une certaine émotion. Dans cet endroit ouvert à tous les rayons du soleil, des fleurs de diverses contrées s'efforçaient de l'emporter les unes sur les autres par l'odeur et l'éclat des couleurs ; mais aux yeux de Charles pas une ne valait la rose dont lui avait fait cadeau la jeune fille. Cependant il fut touché de la délicatesse avec laquelle le juge commanda au jardinier deux bouquets, l'un épanoui et formé de fleurs voyantes, l'autre composé de boutons de couleurs plus discrètes.

— Il y en a un pour la tante, un pour la nièce. J'ai été jeune, vois-tu, Charles, dit M. Pequeyrolles, et je ne manquais jamais, le lendemain d'un bal, d'envoyer des fleurs à mes danseuses.

Charles regarda son père dont les rides disparaissaient en ce moment.

— Pourquoi faut-il, ajouta le magistrat, que les études de droit, les travaux du tribunal m'aient pris tout mon temps? Maintenant, je n'envoie plus de fleurs qu'à ta mère pour sa fête.

Pour la première fois le jeune homme retrouvait dans le vieillard un compagnon de jeunesse. Ce n'était plus le magistrat au regard inquisiteur qui parlait, mais un homme aimable empressé de prêter aide à un garçon timide.

L'ordre ayant été donné au jardinier d'envoyer les bouquets à madame Ladureau et à sa nièce de la part du jeune homme, le magistrat attendit le résultat, non plus en personnage galant, mais en juge jouant une partie sérieuse, car les fonctions officielles avaient déteint sur M. Pequeyrolles et faisaient actuellement partie de la circulation de son sang.

Plaisirs, jouissances, relations amicales peu à peu s'étaient fondus dans le creuset où bouillonnaient les affaires judiciaires, et il n'était pas de mathématicien élucidant un problème, pas de poëte labourant un cerveau infertile, plus préoccupés que le juge ne l'était de tout détail émanant du parquet.

Les deux heures que M. Pequeyrolles avait consacrées à donner une leçon de galanterie à son fils lui eussent pesé comme une folie d'avare jetant son argent par les fenêtres, s'il n'eût tenu pour un pion excellent dans sa partie d'échecs le jeune homme admis à faire la cour à la nièce du notaire.

CHAPITRE XI

DÉLICATESSES CULINAIRES
PROVOQUÉES PAR LE CHARME DES CHOSES
DE LA NATURE

CHAPITRE XI

DÉLICATESSES CULINAIRES
PROVOQUÉES PAR LE CHARME DES CHOSES
DE LA NATURE

— Mais ça ne se fait pas ! s'écria madame Ladureau en recevant les bouquets. Vraiment les jeunes gens d'aujourd'hui se permettent des choses !

Marguerite, qui entendit les exclamations de sa tante, accourut dans le salon et trouva madame Ladureau souriant d'un œil et s'efforçant de rendre l'autre digne et majestueux.

Gravement, la bourgeoise contemplait les fleurs comme si elle eût cherché à en déchiffrer le langage.

— Qui est-ce qui ne se fait pas? demanda la jeune fille en accourant vers sa tante.

— Rien, dit madame Ladureau cherchant à cacher le bouquet destiné à sa nièce.

Marguerite, soupçonnant quelque mystère, rôdait autour de sa tante et celle-ci se reculait vers la porte de la salle à manger pour dissimuler à la jeune fille les fleurs que le fils du juge d'instruction lui envoyait. Mais la porte fermée lui interdisait toute retraite.

— Au surplus, dit madame Ladureau qui se trouva prise et jeta résolûment son bonnet par-dessus les moulins, à quoi bon te cacher ce bouquet? Il t'appartient!

— Les jolies roses! s'écria Marguerite en

plongeant sa figure dans les fleurs... Qui m'envoie un pareil cadeau ?

— J'en suis vraiment fort étonnée, c'est le fils Pequeyrolles, que je n'aurais jamais cru capable d'une semblable audace... Voilà l'éducation moderne... Ah ! si j'avais un fils, comme au lieu de l'envoyer à Paris, je le mettrais au séminaire !

— M. Charles est bien aimable, dit Marguerite.

— Tu trouves... Je me demande pourtant ce qui l'autorise à nous envoyer des fleurs... Je le connais à peine.

— Mais, ma tante, cela se fait à Dijon.

— Nous ne sommes pas ici à Dijon.

— Vous-même, ma tante, avez fait cadeau de fleurs à la mère de M. Charles et vous m'avez engagée à offrir à son fils une rose...

— Oui, de mon jardin, je ne dis pas.... D'ailleurs ne vaut-il pas mieux donner des roses à ses semblables qu'à des lapins?... Mais répondre par un si beau bouquet, car il est fort beau, à une personne de mon âge!... Vraiment je suis confuse... On ne s'arrête plus dans cette voie... Je ne peux pas rester sur ces bouquets... Que faire?

— Si vous en renvoyiez un autre, ma tante?

— Tu ne réfléchis pas à ce que tu dis, Marguerite. Il n'y a pas de raisons pour que du premier janvier à la Saint-Sylvestre des paquets de fleurs ne fassent le voyage de la maison de ton père à celle de M. Pequeyrolles... Attends, je crois que j'ai trouvé un moyen de me tirer de cette difficulté.

La femme du notaire se cacha les yeux avec la main.

— Un vol-au-vent! s'écria-t-elle, l'imagination exaltée comme celle d'une pythonisse.

La nièce regarda avec une certaine inquiétude sa tante, qui faisait des gestes singuliers.

— Oui, reprit la femme du notaire, ces bouquets me mènent absolument à un vol-au-vent... Et quelle figure fera M. Ladureau quand je mettrai le vol-au-vent à l'ordre du jour?... Des fleurs, un vol-au-vent, je ne sors pas de là... Pourtant si ce muscadin n'aimait pas le vol-au-vent! Ils sont si singuliers à Paris... Pour un rien je jetterais son bouquet par la fenêtre.

— Je ne comprends pas bien, ma tante.

— Parce que tu n'es pas femme de ménage... Ce qu'il y a de certain, c'est que nous devons d'abord une visite pour remerciment de l'envoi des bouquets... Mais à quand la visite? Voilà ce que je ne sais pas... Combien de jours, Marguerite, met-on d'intervalle, à Dijon, pour répondre à une politesse?

— On remercie tout de suite, ma tante.

— Aujourd'hui, c'est impossible. La blanchisseuse ne vient que ce soir ; elle a mon jupon brodé et je ne peux pas rendre une pareille visite sans jupon brodé... Nous irons demain présenter nos remercîments à madame Pequeyrolles... Je t'assure pourtant que ces politesses me tourmentent fort, et je t'engage, Marguerite, à n'en souffler mot à personne, car les dames de la ville me blâmeraient si elles apprenaient que je me laisse entraîner à de tels assujettissements.

Le lendemain, madame Ladureau, dans tout l'éclat de son jupon brodé, alla rendre visite aux Pequeyrolles pour les inviter à dîner.

Elle eût été chargée d'une négociation diplomatique importante qu'elle n'eût pas composé sa physionomie avec plus d'art. Sa figure, la femme du notaire l'avait saupoudrée de dignité, et la bouche s'avançait en cœur pour contre-balancer cet aspect officiel et magistral.

La province excelle dans ces nuances. Madame Ladureau, en revêtant sa toilette de cérémonie, avait longuement étudié diverses mines devant le miroir. Il ne fallait pas paraître trop solennelle, ni trop familière. Prier un magistrat de faire l'honneur à un notaire d'accepter une invitation à dîner peut sembler simple et facile à ceux qui n'ont pas de notions de la hiérarchie dans les rapports sociaux; les esprits qui se guident sur le code des convenances savent à quelles difficultés expose le cérémonial en pareil cas.

Charles et Marguerite assistaient à cette entrevue officielle et ne disaient mot; mais leurs cœurs bondissaient d'aise. Ils allaient pouvoir passer quelques heures ensemble.

Le plus touché fut certainement le juge d'instruction. En apprenant cette invitation, il laissa échapper un sourire machiavélique. Grâce à son habileté, il avait maintenant un pied dans la maison du notaire.

Un véritable théâtre que ce théâtre du crime dont, en parfait comédien, il allait arpenter les planches. Là où l'instruction officielle avait échoué, le juge espérait qu'une instruction intime lui donnerait des résultats tant cherchés. Son esprit courait à l'aventure, excité par le mystère d'une famille qui portait sur la figure un masque, dont les cordons seraient d'un extrême intérêt à dénouer.

Si la première entrevue n'amenait aucun résultat, et raisonnablement elle ne devait être considérée que comme un jalon, une seconde donnerait une tournure plus claire à l'affaire.

M. Pequeyrolles, en acceptant le dîner du notaire, songeait déjà à le rendre. L'intimité s'établissait entre les deux hommes, entre les deux femmes. Charles et Marguerite apportaient un lien particulier par leur jeunesse.

Le juge d'instruction se considéra intérieurement avec satisfaction. Il admirait ses facultés de taupe qui ne faisait pas un long travail, mais qui, toujours alerte, minait aux alentours du secret jusqu'à ce qu'elle arrivât à le percer. Et pour récompense la croix, un poste plus élevé dans la magistrature, un siége sur l'hermine où M. Pequeyrolles se reposerait des fatigues de son métier !

Le juge ne se dit pas qu'il agissait en

renard vis-à-vis de M. Ladureau, dont il recherchait l'intimité pour le faire tomber dans un piége. Les renards n'ont pas la conscience des brebis. Il fallait triompher à tout prix, coûte que coûte, et M. Pequeyrolles n'était pas seul parmi les conquérants en qui l'ambition fait taire les délicatesses de sentiments.

CHAPITRE XII

DU FIL A RETORDRE POUR LA MAGISTRATURE

CHAPITRE XII

DU FIL A RETORDRE POUR LA MAGISTRATURE

Trois jours après avoir savouré le fameux vol-au-vent des Ladureau et alors que le juge d'instruction s'ingéniait pour répondre par une politesse à celle de son hôte, il reçut la visite du brigadier de gendarmerie.

— Le commissaire de police m'envoie vers vous, monsieur, pour vous demander ce qu'il doit faire d'un gamin qui a été arrêté, surpris en flagrant délit de maraude dans un clos près de la ville.

— C'est une affaire de justice de paix, dit M. Pequeyrolles, et elle ne me touche en rien.

— Cependant l'enfant paraît étranger au pays et ne veut pas répondre aux questions qu'on lui adresse. Le commissaire de police désirerait d'autant plus que vous interrogiez l'enfant, qu'on a saisi sur lui une sorte de bissac particulier.

En même temps le brigadier de gendarmerie déposait sur le bureau du magistrat un sac de cuir noir auquel avait été ajustée une ficelle, de telle façon que le bissac pût être porté au col.

Tout d'abord M. Pequeyrolles jeta un coup d'œil indifférent sur cet objet maculé et terreux qui faisait penser à un détritus de l'industrie que pique le crochet d'un chiffonnier.

— Il y a des lettres sur le plat du bissac,

dit le juge avec un regard qui se réveilla tout à coup.

Alors cette poche de cuir, flétrie par la boue qui en avait dévoré la couleur primitive, commença à intéresser M. Pequeyrolles.

Ayant ouvert un tiroir de son bureau, il en tira une loupe qu'il appliqua dans les ravins de la chose de cuir. Puis, insinuant l'instrument dans l'œil à la façon des horlogers, la main du magistrat obéit à la vue et traça sur le papier des caractères qui formaient l'assemblage suivant.

D R
T R

Sur le cuir avaient été gaufrés évidemment dans le principe des caractères dorés, salis par la terre et vraisemblablement éraillés par un outil.

— Comment a été trouvé cet objet ? demanda le juge d'instruction.

— Un des hommes de la brigade a arrêté hier soir, à la nuit tombante, dans un verger qu'il dépouillait, un petit maraudeur qui portait à son cou le bissac rempli d'artichauts, de poires et de prunes... L'enfant a été amené à la ville par le gendarme qui, n'ayant pu en tirer aucune parole, l'a conduit au commissaire de police.

— Vous m'enverrez demain cet enfant, dit le juge. Non, aujourd'hui même ; il ne faut pas lui laisser le temps de combiner quelque histoire.

En parlant au brigadier, M. Pequeyrolles continuait à tracer des majuscules d'après l'inscription de la poche de cuir placée sous ses yeux.

— Dites au gendarme Labastens de m'amener le maraudeur.

Le brigadier parti, le juge d'instruction, ayant placé l'objet de cuir sur son pupitre, le regarda longuement. Puis il ferma les yeux et interposa une main entre ses paupières et la pièce de conviction. Il la regardait intérieurement.

Ayant retiré sa main, M. Pequeyrolles se leva, jeta de nouveau un coup d'œil sur le vieux cuir et répéta, à diverses reprises, en marchant à grands pas : **D, R, T, R,** comme s'il eût voulu fixer fortement les lettres dans sa mémoire. De temps en temps un mouvement nerveux lui faisait froncer le sourcil, avancer la main vers l'objet et continuer sa marche inquiète.

Le magistrat était pris au collet par un de ces rébus agaçants comme la mélodie vulgaire qu'on a entendu moudre par un orgue et qui ne laisse pas un moment de répit à la mémoire.

Que pouvaient signifier les lettres :
D, R, T, R ?

L'arrivée de l'enfant vint heureusement rompre cette méditation qui n'avait pas duré moins d'une demi-heure.

Le drôle avait des cheveux de la couleur des blés fanés par l'orage, un lambeau de chemise qui laissait voir sa poitrine brûlée par le soleil, un méchant pantalon en toile jadis bleue et des pieds couleur de poussière. Autant de malice dans les yeux que de taches de rousseur sur la figure. Un embarras médiocre en entrant dans le cabinet où allait se débattre son sort.

— Tu t'appelles? dit le juge en jetant un rapide coup d'œil sur l'enfant.

— J'sais pas, répondit l'enfant.

— Comment, tu ne sais pas ton nom ! Et ton âge ?

L'enfant leva les bras en l'air en signe d'ignorance.

— Voilà qui est bizarre, reprit le juge d'instruction. Et tes parents, comment se nomment-ils ?...

L'enfant regarda le juge comme si M. Pequeyrolles lui-même subissait un interrogatoire.

— Tu n'en sais rien non plus... Enfin, je continue pour la forme : Tu demeures ?

Comme un singe dans les branches d'un cocotier, l'enfant joua un étonnement considérable produit par une semblable question.

— Domicile inconnu comme les parents... Très-bien... Mettons que j'ai affaire à un idiot !..

La bouche de l'enfant s'ouvrit grande, laissant voir le haut des gencives, et souriant comme celle d'un crétin de montagne.

— Il est niais, pensa le juge d'instruction, et il continua :

— On t'a trouvé saccageant un clos et remplissant de fruits ce sac... Tu reconnais peut-être le sac?

Le drôle resta muet.

— Et bien, mon bonhomme, mais tu n'es sans doute pas sourd... Écoute-moi donc... Si tu avais répondu à mes questions et indiqué le nom et la demeure de ton père, je t'aurais fait reconduire immédiatement chez tes parents... Maintenant tu attendras à la prison que quelqu'un veuille bien te réclamer.

Le petit paysan continuait à ne pas répondre, et ricanait sans paraître se rendre compte des suites de l'interrogatoire.

— Ta mère va pourtant être inquiète de la disparition de son garçon?

A la façon dont l'enfant regarda le juge,

celui-ci se dit qu'il n'avait plus de mère et que peut-être il ne l'avait jamais connue.

— Que tu ne répondes pas, c'est ton droit; mais je t'avertis que ton silence est inutile... Avant huit jours tes parents seront découverts. Ainsi, réfléchis; dès aujourd'hui tu peux être libre... Maintenant, s'il te plaît de manger le pain de la prison pendant une huitaine, c'est affaire à toi... Gendarme, emmenez ce garçon.

L'enfant sortit comme il était entré, l'air inconscient, le pas ferme.

— Voilà un sauvage qui me donnera du fil à retordre, pensa M. Pequeyrolles.

En s'en allant, il entra chez le procureur du roi pour l'entretenir de l'arrestation du petit paysan; mais le juge d'instruction se garda de parler du bissac, jaloux de sa découverte et ne voulant la présenter qu'en plein rayonnement.

— Je crains, dit-il à son supérieur, que le petit drôle ne se fasse tirer l'oreille pour répondre.

— Bah! pour une affaire de maraude! répondit le procureur du roi.

Le juge d'instruction secoua la tête sans en dire davantage. Un enfant qui venait sans doute de loin pour marauder aux environs d'une ville lui semblait bizarre. Car le galopin ne put se présenter au parquet le lendemain, tant ses pieds étaient enflés.

— Il a trop marché, dit le gendarme Labastens. Pourtant il a des cornes de sabot de cheval en guise de semelles.

— Si cet enfant vient d'aussi loin, pensa le juge, il faut que le pays qu'il habite soit bien pauvre en fruits et en récoltes.

Le gendarme Labastens, physionomiste par état, était d'avis que l'enfant devait demeurer à une dizaine de lieues, aux environs de la frontière belge.

— Puisqu'il ne parle pas, dit M. Pequeyrolles, vous n'avez pu reconnaître son accent.

— Le garnement, dit le gendarme, siffle pour se désennuyer... On ne siffle de la sorte que dans les plaines qui avoisinent la Belgique.

— En tous cas, amenez-moi demain ce petit vagabond, en voiture s'il le faut.

Le lendemain, l'enfant entra dans le cabinet avec sa tranquillité habituelle.

— As-tu bien dormi, mon garçon? lui demanda le juge d'instruction avec un ton paterne.

Il se repentait d'avoir brusqué, la veille, le galopin.

— L'enfant a bien reposé, dit le gendarme.

— Et tes pieds, te font-ils encore mal?

— Le geôlier les a frottés avec du suif, reprit le gendarme.

— Labastens, dit le juge, laissez donc ce petit répondre... Il m'intéresse, et je le ferai sortir de la prison, aujourd'hui même, s'il le désire. Voyons, mon bonhomme, sois franc et n'aie pas peur... Tu as pris quelques fruits dans un jardin... Tu avais besoin de te rafraîchir... Il n'y a pas là de quoi te faire pendre...

L'enfant écoutait et ne perdait certainement aucune parole du magistrat.

— Je veux te renvoyer, petit coquin, pour aller jouer avec tes camarades... qui t'attendent... sur la place du village... Mais si tu n'as ni père ni mère, il faut bien que je sache le nom de ton pays.

Le juge d'instruction prit sa voix de flûte

— Voyons, dit-il.

Par un geste de timidité, le gamin se voila les yeux avec son coude.

— Approche, dit M. Pequeyrolles... Encore... Là, tout près de moi.

Le juge d'instruction lui donna sur les joues deux tapes amicales.

— Tiens, dit-il.

Il ouvrit un tiroir de son bureau et en tira un morceau de sucre que l'enfant croqua avec avidité.

— Tu vois bien, bonhomme, que nous ne sommes pas si méchant que nous en avons l'air.

L'enfant s'était décidé à regarder M. Pequeyrolles en face, autant toutefois que le permettaient ses cheveux qui tombaient sur ses yeux.

Le juge d'instruction, pour mieux voir ces regards, écarta d'une main caressante cette « tignasse » emmêlée.

— Nous avons des yeux verts malins, dit-il en cherchant à déguiser, par un excès d'amabilité, les investigations qui se pressaient en lui.

L'enfant ricana comme le petit d'un animal sauvage qu'on tâche d'apprivoiser.

— Ah! ah! fit le juge, qui répondit par une sorte de rire au ricanement du gamin, nous commençons à nous entendre... Eh! bien, nous disons donc que le village où tu demeures s'appelle?...

Les yeux de M. Pequeyrolles devinrent plongeants; sa langue s'avança sur le bord des lèvres comme pour savourer un friand morceau.

— Ne te recule pas, mon petit.

Par une inspiration de génie, le juge d'instruction attira l'enfant à lui et l'assit sur ses genoux.

— Maintenant je le tiens, pensa M. Pequeyrolles.

La tête penchée vers la figure du gamin, le magistrat ressemblait à une affectueuse nourrice essayant d'égayer son nourrisson, lorsqu'un sifflement qui se fit entendre aux oreilles du juge le fit jeter à l'instant l'enfant à bas.

Le drôle, fatigué de toutes ces questions, sifflait un air, sans s'inquiéter de blesser l'oreille délicate du magistrat.

— Ah! misérable! s'écria M. Pequeyrolles au comble de la colère, voilà donc comme tu reconnais les bontés qu'on a pour toi!

Le magnétisme qu'avait déployé le juge restait sans action, de même que ses questions restaient sans réponse.

— Tu t'obstines à ne pas vouloir répondre, dit le juge piqué au jeu, et bien tu vas retourner en prison et tu seras mis au quart de ration... Labastens, emmenez ce garnement...

Il griffonna quelques mots sur une feuille de papier.

— Voilà pour le geôlier, dit M. Pequeyrolles... Quart de ration obligatoire !

CHAPITRE XIII

BIZARRERIES DANS LES FAÇONS D'AGIR HABITUELLES PRODUITES PAR LE TRAVAIL DES INDUCTIONS

CHAPITRE XIII

BIZARRERIES DANS LES FAÇONS D'AGIR HABITUELLES PRODUITES PAR LE TRAVAIL DES INDUCTIONS

Le quart de ration délie habituellement les langues les plus muettes. L'enfant le subit sans se plaindre. Il n'avait droit pour la journée qu'à un morceau de pain noir et une cruche d'eau.

— Il faut trouver autre chose, pensa M. Pequeyrolles, qui n'employait qu'à regret ce système de rigueur.

Cet insuccès dans une instruction facile en apparence rendait le juge soucieux.

Il avait toujours dans l'esprit les lettres **D, R, T, R,** qui tourbillonnaient capricieusement sans parvenir à s'assembler.

Dès lors M. Pequeyrolles se promena plus rarement avec son fils et surtout ne l'entretint plus dans ses idées de galanterie. Cependant Charles eût été heureux de parler à son père de Marguerite : admis à rendre visite aux deux dames, il était certain qu'il n'était vu d'un mauvais œil ni par la tante ni par la nièce. De ceci M. Pequeyrolles se souciait médiocrement, comme du dîner à rendre aux Ladureau. Toutefois, pressé par sa femme, le juge d'instruction fixa un jour pour ce repas.

On vit alors un certain mouvement se produire à l'intérieur de la cuisine du *Cornet d'or*, l'hôtel en réputation de la ville. De délicates odeurs de truffes se répandirent dans le cabinet où prenaient leurs repas les pensionnaires notables du pays, et l'un d'eux, dont les narines étaient particulièrement dilatées par ce fumet, ayant demandé la raison de l'emploi de ces truffes à la fille de service :

— C'est un poulet fin qu'on prépare pour M. Pequeyrolles, dit-elle.

D'autres pensionnaires d'une catégorie inférieure, qui prenaient leurs repas dans une salle du rez-de-chaussée, aperçurent tournant à la broche, devant un grand feu, un petit cochon de lait dont la croûte mordorée ruisselait d'un jus appétissant. Ils s'arrêtèrent devant cette pièce savoureuse ; mais leurs regards témoignant une envie trop prononcée d'en avoir leur part :

— C'est pour M. Pequeyrolles, dit le cuisinier.

Le même jour, dans la matinée, une bourgeoise qui avait eu l'imprudence d'offrir trois livres dix sous d'un saumon énorme, fut traitée sans égards par la marchande de poissons qui lui dit :

— Attends, chipie, je vais te donner la queue du saumon de M. Pequeyrolles.

Dans la montre du meilleur pâtissier de la ville, les passants admirèrent un monumental gâteau de Savoie représentant le dôme de Saint-Pierre, à Rome. Au sommet était juché un petit amour tenant un étendard avec la légende manuscrite · *Pour M. Pequeyrolles.*

Chez le confiseur, un gamin se hasarda à entrer, attiré par un entassement de blondes meringues étagées sur un tamis, et il en demanda pour un sou. Le confiseur, croyant avoir affaire à un mauvais plaisant, le flanqua à la porte avec une distribution de gifles.

— Tiens, s'écria-t-il, va dire à tes parents que tu as mangé des meringues de M. Pequeyrolles!

Le bruit de ces somptueuses commandes se répandit par divers canaux dans la ville, et le juge d'instruction fut taxé d'une prodigalité sans exemple; mais surtout l'opinion publique d'un pays, qui n'était pas réputé par son imagination, se montra excessive quand de l'hôtel du *Cornet d'or* partirent diverses mannes contenant dans des chauffoirs de métal des coulis superfins. Un buisson pyramidal d'écrevisses, porté sur la tête d'un marmiton qui se dirigeait du côté de la maison du juge d'instruction, acheva de troubler les esprits.

Dans la basse ville, la nouvelle courait que M. Pequeyrolles avait hérité d'une fortune considérable. Le quartier aristocratique apprêta des cartes de visite pour saluer l'appel du juge à de plus hautes fonctions, et sa nomination parut certaine, quoique non consignée encore au *Moniteur.*

Qui eût dit aux provinciaux que le poulet truffé, le saumon, le cochon de lait, les pâtisseries et les confiseries étaient un *rossignol* fabriqué par M. Pequeyrolles pour crocheter la serrure du secret de M. Ladureau, eût étonné ces êtres naïfs.

Le juge en était arrivé à ce détachement de toutes choses qui fait qu'un savant ruine sa famille pour chercher la quadrature du cercle. Il croyait répondre dignement au choix que le ministre de la justice avait fait de lui en dépensant un demi-mois de ses appointements au service d'une cause intéressant directement l'honneur de la magistrature.

Dans l'après-midi qui précéda le fameux dîner, M. Pequeyrolles passa l'inspection de sa cave, à l'effet d'offrir à M. Ladureau les vins non pas les plus délicats mais les plus capiteux.

— Je le ferai bien parler, pensait-il.

A madame Pequeyrolles qui s'étonnait des détails d'un repas aussi exorbitant :

— Tu feras dresser, dit-il, un lit dans mon cabinet.

C'était la première fois que le juge désertait l'alcôve conjugale.

— Oh! bichon! s'écria sa femme d'un ton de reproche.

Quoique touché, M. Pequeyrolles n'avoua pas son plan machiavélique qui était de rendre le notaire assez malade pour l'empêcher de regagner sa maison. M. Ladureau était condamné à coucher chez les Pequeyrolles. Seul avec lui, le magistrat le veillerait et trouverait peut-être dans le silence de la nuit un moyen de torture oublié par l'Inquisition.

— Cette demoiselle Marguerite est charmante, dit le juge à son fils. Montre-toi très-galant, empressé et fais honneur à ton éducation.

Ainsi pendant huit jours, M. Pequeyrolles avait dressé ses batteries, l'esprit tendu pour n'oublier aucun détail. La veille du dîner, il fit disposer près de la table, à sa droite, un petit meuble appelé « servante, » qu'il garnit de bouteilles disposées par rang de force capiteuse.

Les batteries étaient dressées quand la famille Ladureau sonna à la porte. Dans un miroir oblique scellé à la muraille à la hauteur du premier étage, M. Pequeyrolles vit arriver le notaire, sa femme et sa nièce, innocentes mouches qui venaient se prendre dans la toile savamment tissée d'une araignée aux aguets.

Le corridor est orné de patères destinées à

accrocher les chapeaux. M. Ladureau y déposa le sien et entra dans le salon. Aussitôt le mur opposé s'ouvrit et donna passage à une ombre qui fit disparaître le chapeau. Puis tout rentra dans le silence. De son cabinet donnant sur le corridor, M. Pequeyrolles était sorti pour s'emparer traîtreusement du chapeau de son hôte.

Après avoir laissé pendant quelques instants ses invités se livrer aux douceurs de la conversation, le magistrat entra, voûté, le pas traînant, appuyant ses mains sur les reins et la mine assez dolente pour que chacun s'inquiétât de sa santé.

— Je vous demande pardon de vous recevoir dans cet état, dit le juge ; je suis harrassé de fatigue pour avoir travaillé depuis six heures du matin.

— Il faut prendre garde de se tuer le corps, dit madame Ladureau.

— Si tu t'asseyais, mon ami? demanda madame Pequeyrolles ne comprenant pas l'attitude de son mari.

— Non, c'est le fauteuil qui m'a mis dans cet état.

Et M. Pequeyrolles poussa un gémissement de comédien consommé.

Naturellement compatissante, madame Ladureau proposa divers baumes merveilleux pour les frictions.

— Je vous remercie, chère madame, dit le juge; le remède le plus salutaire est encore une promenade dans le jardin.

— Eh bien! faisons un tour, reprit madame Ladureau.

On sortit dans l'antichambre.

— Où est donc mon chapeau? s'écria le notaire... Je l'avais accroché à la patère.

— Tu ne sais jamais ce que tu fais de tes affaires, dit madame Ladureau.

— Votre mari serait-il distrait? demanda insidieusement le juge à la femme du notaire.

Pendant que M. Ladureau rôdait dans le corridor, cherchant quel vent malencontreux avait pu emporter son chapeau, M. Pequeyrolles souffla aux oreilles de sa femme :

— Prends le bras de M. Ladureau, marche lentement et que sa tête soit exposée au soleil.

Madame Pequeyrolles obéit, en blâmant mentalement la cruauté de son mari. Le soleil était ardent et ses rayons semblaient directement appelés par le crâne reluisant du notaire.

— Mademoiselle Marguerite, dit Charles à la jeune fille, voulez-vous monter au labyrinthe?

D'une butte de terre qui s'élève au fond du jardin et forme une montagne considérable si on la compare aux petits carrés de jardinage encadrés dans des buis, partent en se croisant des chemins en pente.

— Il s'agit de trouver le véritable chemin, dit le jeune homme en lâchant le bras de Marguerite.

— Ces deux jeunes gens semblent faits l'un pour l'autre, disait M. Pequeyrolles à madame Ladureau.

La femme du notaire remercia d'un gracieux sourire l'homme qui, des sommets de la magistrature, ne dédaignait pas de jeter les yeux sur sa nièce.

Marguerite était arrivée par une sente au point de jonction des pentes du labyrinthe et déjà deux fois, elle était descendue d'à mi-côte croyant arriver au sommet.

— Voulez-vous accepter mon bras, mademoiselle, pour arriver au pavillon? lui dit Charles.

— Il fait très-chaud, très-chaud, madame! s'écriait M. Ladureau sans s'apercevoir que madame Pequeyrolles, obéissant aux coupables injonctions de son mari, détournait son ombrelle du crâne du notaire.

— Vous avez un excellent mari, disait le juge d'instruction à madame Ladureau, et je l'estime infiniment. Grâce à ses qualités, il doit vous créer un intérieur des plus agréables.

— Mon mari est tellement occupé...

— Tous, nous avons nos occupations... Ne serait-ce pas cette multiplicité de besogne qui causerait ses distractions?

— M. Ladureau n'est pas toujours distrait...

— Auprès de vous, je le comprends, chère madame, dit le juge d'instruction abordant le terrain de la galanterie.

— Je me trompe fort, ou la chaleur augmente, dit M. Ladureau en se rencontrant à un sentier avec M. Pequeyrolles.

— Dans un instant, vous ne vous en plaindrez plus, cher monsieur.

Charles et Marguerite étaient arrivés en haut du labyrinthe, à la porte du pavillon. La jeune fille hésitait à entrer dans la chambrette, dont les vitres de couleur étaient encore assombries par des touffes de feuillage.

Les deux jeunes gens se tenaient à la porte, irrésolus.

— Vous ne venez jamais à Dijon, monsieur? demanda Marguerite.

— Ah! mademoiselle, s'il pouvait y avoir une école de droit!

— Enfin, s'écria M. Ladureau arrivé au sommet du labyrinthe.

Il se précipita dans le pavillon.

— Oh! madame, dit-il en apercevant une

table chargée de verres et de bouteilles, que d'attentions!

— M. Ladureau, un petit verre de vin blanc, dit M. Pequeyrolles.

— Je vous remercie; non pas un petit, mais un grand, s'il vous plaît.

Le juge d'instruction versa lui-même avec l'impassibilité d'un Borgia.

D'un trait le notaire vida son verre.

— Quel est ce vin? s'écria-t-il en faisant claquer la langue. Il me semble d'une chaleur...

— C'est un produit d'une petite côte de la Gironde que m'envoie un vigneron de mes parents... Vous en reprendrez bien encore un verre?

Le notaire se laissa faire. Et pourtant un sauvage lui eût asséné sur le crâne un violent coup de tomahawk qu'il n'eût pas obtenu un résultat plus décisif.

On causa une heure jusqu'à ce qu'arrivât la femme de chambre annonçant que le dîner était servi.

— Louise, dit le juge, cherchez, je vous prie, le chapeau de M. Ladureau. Il n'est pas sain de s'exposer tête nue à l'air après le coucher du soleil.

— Je n'aurais pas soupçonné, dit le notaire à madame Pequeyrolles, que votre mari, si impassible dans ses fonctions, montrât autant de prévenances pour ses hôtes.

La servante revint au bout de quelques instants, tenant le chapeau qu'elle avait trouvé accroché à la patère.

— M. Ladureau a vraiment de telles absences, dit M. Pequeyrolles à la femme du notaire, qu'il ne s'apercevrait pas si je vous faisais la cour, comme j'en ai bien envie.

Les invités descendirent alors du labyrinthe. La pente était rapide; Charles en profitait pour serrer le bras de Marguerite.

Cependant, préoccupé du petit drôle qui se jouait de lui, M. Pequeyrolles courait à fond de train dans les champs de l'investigation et avait fini par ne plus prendre garde à ses invités.

A table, le magistrat oublia que ses convives existaient : c'étaient des ombres que les personnages vivants; seules les choses impalpables étaient devenues des réalités. En vain sa femme le rappelait-elle aux plus simples usages de la politesse, comme de servir à boire à madame Ladureau placée à sa droite; le juge d'instruction, ayant à peine conscience de ses actes, et tyrannisé par une idée fixe, eût été capable de verser la carafe dans le corsage de sa voisine.

Madame Pequeyrolles, craignant quelque oubli malencontreux, s'était résignée à découper le rôti, lorsque tout à coup le juge d'instruction, qui, depuis un instant, regardait la muraille avec insistance comme pour la traverser du regard, demanda à la servante du vinaigre d'un ton si impératif que celle-ci, avec la rapidité de la flèche, apporta la fiole.

Du vinaigre pendant qu'on servait le rôti ! Cela semblait bizarre.

— Es-tu malade, monsieur Pequeyrolles? demanda sa femme.

Pour toute réponse le juge se leva de table et sortit précipitamment, la serviette au bras, le carafon de vinaigre à la main.

Un silence profond se fit dans la salle à manger, qui permit d'entendre le magistrat descendre précipitamment l'escalier et ouvrir la porte de la rue.

— Seigneur, quel accès le prend ! s'écria madame Pequeyrolles émue.

Les convives se regardaient avec stupéfaction.

— Charles, dit la femme du juge, suis ton père ! Je crains qu'il ne lui arrive malheur.

Cependant M. Pequeyrolles arpentait les rues avec une rapidité qui défiait quiconque de le suivre. Il arriva ainsi à la porte du tribunal, agita fiévreusement la sonnette.

— Des allumettes, une bougie! dit-il au concierge qui vint lui ouvrir.

L'étonnement du portier fut aussi considérable que celui des invités du juge. Jamais il n'avait vu un magistrat se présenter au parquet à neuf heures du soir; cependant il obéit sans souffler mot.

Arrivé dans son cabinet, M. Pequeyrolles posa la bougie sur sa table, en face du bissac dont les lettres lui tenaient au cœur. Rarement un alchimiste, poursuivant la découverte du grand œuvre, apporta autant d'application dans ses recherches que le juge d'instruction versant goutte à goutte du vinaigre sur l'objet mystérieux.

Pendant le dîner, M. Pequeyrolles avait eu une idée. Non-seulement les lettres énigmatiques s'étaient bâti un nid dans son cerveau, mais aussi la forme et les détails relatifs au bissac. Le juge le voyait devant ses yeux, à toute heure de la journée, dans son état de délabrement, boueux et raccorni comme s'il avait été enfoui l'hiver au fond d'un fossé.

Par quel enchaînement d'idées le vinaigre s'était-il présenté à l'esprit de M. Pequeyrolles comme devant jouer vis-à-vis de la pièce de conviction un rôle aussi important que dans la salade, c'est ce que pourront s'expliquer ceux-là seulement que l'idée fixe tourmente ! L'acidité du vinaigre avait poussé le juge à tenter un de ces travaux de restauration patiente que comprendront les collectionneurs d'objets d'art.

Penché sur son bureau, le juge d'instruction suivait, avec des palpitations qui sont le partage des êtres nerveux, la décomposition de la boue ancienne par l'action du vinaigre. Sa serviette en main, il épongeait le liquide avec la précaution d'un graveur à l'eau-forte faisant mordre une planche.

Pour la première fois la saleté sortait des fissures du cuir éraillé et laissait reparaître le noir brillant du bissac.

— Ah! s'écria le juge en voyant surgir une nouvelle lettre cachée sous un petit tas de boue.

Puis M. Pequeyrolles regarda de nouveau son travail avec les yeux d'une mère dont l'enfant est sauvé d'une maladie grave, et il enferma la pièce de conviction à double tour dans le tiroir de son secrétaire, dont il mit la clef dans sa poche.

— Merci, dit-il en rendant la bougie au portier... Demain, balayez mon bureau de grand matin.

— Les yeux de M. Pequeyrolles sont singuliers, dit le concierge à sa femme. Ils lançaient des flammes !

CHAPITRE XIV

TYRANNIES DOMESTIQUES

CHAPITRE XIV

TYRANNIES DOMESTIQUES

Quand le magistrat revint à son domicile, il trouva la domestique dans l'effarement.

— Dieu soit loué, monsieur, de vous revoir... Madame est si inquiète!

— As-tu vu Charles? demanda madame Pequeyrolles à son mari. Il te cherche... Mais pourquoi es-tu parti si précipitamment? Les Ladureau étaient fort troublés.

— Que m'importe!

— Enfin que s'est-il passé?

— Tu le sauras plus tard.

Cependant, de jour en jour, le juge d'instruction se montrait plus préoccupé et ses soucis gagnaient jusqu'aux membres de sa famille.

Voulant l'enlever à ses réflexions ainsi qu'il était arrivé quelquefois :

— Bichon, dit madame Pequeyrolles, la nièce de M. Ladureau passe pour un bon parti.

— Eh bien ?

— Dans quelques années nous aurons à songer à un établissement pour Charles... La demoiselle ne paraît pas le voir d'un mauvais œil.

— Il faut veiller à ces rencontres, dit le juge d'un ton autoritaire. Charles a besoin d'être dirigé par une main plus ferme.

— Une main plus ferme, répliqua madame Pequeyrolles. Je ne comprends pas

— Tu devras désormais apporter plus de retenue dans tes visites aux Ladureau.

— Mais c'est toi qui m'as engagée à voir la femme du notaire !... Je ne tiens pas à sortir de mon intérieur, tu le sais.

— Ce qui est fait est fait, dit le juge. Toutefois il est utile de s'arrêter sur cette pente dangereuse.

— Une visite à madame Ladureau est-elle dangereuse ?

— Tu la feras plus tard, à un moment donné.

— Alors il t'importe peu que j'aie la réputation d'une personne qui ne sait pas vivre... Deux fois par semaine je rencontre madame Ladureau au marché. Quelle attitude prendrai-je vis-à-vis d'elle ?

— Strictement polie avec une nuance de froideur.

— Tu me feras passer pour bizarre et

mal élevée... Ah ! combien je me repens d'avoir la première accepté le dîner des Ladureau !

— Il le fallait, dit M. Pequeyrolles d'un ton qui ne permettait pas de réplique.

— C'est trop de tyrannie ! s'écria la femme du juge hors d'elle-même... Vraiment tu me regardes comme une esclave... Ne pas même avoir la direction de son intérieur ! Toute ma vie j'ai porté le joug et tu en abuses ; mais celui-ci est trop lourd, et je te déclare que j'irai aujourd'hui même chez madame Ladureau.

M. Pequeyrolles ne s'attendait pas à de semblables révoltes. Quoiqu'il fût habitué à voir plier sous l'autorité de sa parole gendarmes, guichetiers et prévenus, le juge baissa la tête, ce qui détermina un temps de silence : les deux époux craignaient un nouvel abordage. Cependant M. Pequeyrolles se leva, prit un air grave et dit d'un ton posé :

— Tu peux aller chez madame Ladureau; mais tu compromettras mon ministère.

Là-dessus il sortit.

Il est de ces mots officiels qui augmentent de solennité suivant le ton et l'emploi que les gens en font. Madame Pequeyrolles resta terrifiée et le juge d'instruction alla à ses travaux avec la certitude qu'il serait obéi. Il avait laissé « son ministère » comme barrière.

Peu de ménages, même les plus unis, échappent à ces orages mensuels dont la formation pourrait être indiquée aisément, même par les maris qui ne sont pas météorologistes. Depuis longtemps M. Pequeyrolles en avait pris son parti, sachant se garer des effets. Aussi ouvrit-il la porte de son cabinet, la conscience pure de la tyrannie domestique qu'il exerçait vis-à-vis de sa femme. D'ailleurs un pli qu'il trouva sur son bureau lui fit bien vite oublier ces petites misères de la vie conjugale.

Une lettre du maire du village de Boisdru l'informait qu'un enfant de douze ans avait disparu du domicile de son père, le nommé Chauffepié. Cet homme, qui jusque-là n'avait pas paru se préoccuper du sort de l'enfant, avait une mauvaise réputation dans le pays. Les voisins, dont l'attention avait été éveillée par l'article du journal l'*Éclaireur* donnant le signalement de l'enfant, avertirent le maire, qui s'empressa d'en prévenir le procureur du roi.

— Ah! ah! s'écria M. Pequeyrolles en se frottant les mains, je tiens mon affaire!

CHAPITRE XV

ASSEMBLAGE DES MYSTÉRIEUSES INITIALES

CHAPITRE XV

ASSEMBLAGE DES MYSTÉRIEUSES INITIALES

Chauffepié, mandé au parquet par le juge d'instruction, comparut assisté du brigadier de gendarmerie peu après l'arrivée de l'enfant qu'on supposait lui appartenir.

— Ah! brigand, tu te fais prendre dans le jardin des autres! s'écria le paysan pour toute tendresse.

L'identité du père et du fils établie, l'enfant fut reconduit en prison.

— Maintenant, Chauffepié, reconnaissez-vous ceci? dit M. Pequeyrolles en montrant le bissac de cuir trouvé sur le maraudeur.

Le paysan regarda l'objet.

— Non, dit-il.

— Ce bissac plein de fruits a pourtant été saisi sur votre fils... Il allait à la chasse dans les vergers d'autrui ; c'était sa gibecière.

— Le galopin l'aura trouvée quelque part.

— Il est singulier qu'un enfant, faisant neuf lieues pour marauder, s'en aille sans un panier quelconque pour y déposer son butin.

Chauffepié ne répondit pas.

— Le carnier était marqué primitivement d'un nom qu'on a cherché à effacer.

Le juge fit passer le bissac sous les yeux du paysan, qui le considéra attentivement.

— Je ne sais pas lire, dit-il.

— N'importe, dit M. Pequeyrolles : à force de soins j'ai fait une découverte, et comme elle peut vous intéresser, il est de mon devoir de vous la communiquer... Ce portefeuille portait jadis un nom, ainsi que je vous le disais tout à l'heure... On a d'abord gratté le nom... Puis l'objet a été enfoui dans la terre où il a dû séjourner quelques mois... Ensuite on l'a troué pour y introduire une ficelle afin de porter la chose au col...

Le juge d'instruction, s'étant levé, s'approcha du paysan qu'il regarda fixement :

— Ce portefeuille était celui de M. Ladureau, s'écria-t-il.

Pâle et blême comme la statue du Remords, le magistrat semblait avoir grandi de dix coudées.

— Sur le portefeuille, ajouta-t-il, était

écrit *Ladureau*, et dessous, en plus petits caractères : *notaire*.

En ce moment M. Pequeyrolles n'appartenait plus à la vie réelle. Il quittait son enveloppe matérielle, devenait la conscience inexorable et sentait passer dans son regard une seconde vue profonde et plongeante.

Un duel curieux que celui de ces quatre yeux dont deux terribles et menaçants faisaient battre névralgiquement les paupières de leurs adversaires.

Chauffepié mit la main à sa poche et voulut en retirer quelque chose.

— Si on n'est pas libre de se moucher ! s'écria-t-il en voyant le gendarme surveiller ses mouvements et avancer la main pour empêcher la sienne de sortir de la blouse.

Le juge d'instruction fit un signe au gendarme. Chauffepié put alors tirer de sa poche un horrible mouchoir à carreaux dans lequel son nez souffla bruyamment, pendant que les deux doigts du milieu, plus grands que leurs confrères, épongeaient avec l'étoffe une sueur subite que les dernières paroles du juge d'instruction avaient fait perler sur le front du paysan.

C'était la première passe du duel. Le juge d'instruction laissa l'homme respirer un moment.

Chauffepié cependant ne quittait plus de l'œil le portefeuille.

— Je ne vois pas, dit-il, ce qu'a de commun un notaire avec un mioche qui a cueilli dans un clos quelques pommes pour sa soif.

— Je n'ai pas tout dit, ajouta M. Pequeyrolles. Ce portefeuille a été dérobé à M. Ladureau, il y a dix mois, par des gens qui sont restés inconnus jusqu'ici... Votre fils pourrait peut-être nous dire dans quel endroit il a trouvé l'objet que vous déclarez ne pas connaître... Il rendrait un grand service à la justice, qui lui tiendrait compte d'avoir localisé ses recherches.

— Ça ne me regarde pas, dit Chauffepié avec une insouciance affectée.

— Cependant un portefeuille dérobé, trouvé aux environs d'un village, indique que si les voleurs n'y demeurent pas, du moins ils y ont passé... Vous dites que vous ne reconnaissez pas ce sac, que l'enfant l'a trouvé depuis qu'il vous a quitté... Comment se fait-il que votre fils s'en serve depuis un certain temps ?

M. Pequeyrolles crut pouvoir se permettre cette allégation.

— L'a-t-il dit? reprit Chauffepié parant la botte.

— Ce n'est pas à vous à me poser des questions, s'écria le juge d'instruction qui vit alors qu'il avait affaire à un maître d'armes en matière d'interrogatoire.

— Les galopins sont si menteurs! ajouta Chauffepié se tenant toujours sur la défensive... Si on croyait seulement le quart de ce qu'ils disent, on ferait pendre des gens...

— Ainsi, reprit M. Pequeyrolles changeant de thème, vous ne reconnaissez pas le portefeuille ?

— Ma foi, monsieur, je ne me rappelle pas qu'un meuble pareil soit jamais entré à la maison.

A ce moment le juge d'instruction tira un cordon, et le carillon de la sonnette, qui prenait un tintement particulier des corridors du tribunal, rendit le paysan songeur.

C'était un homme aux yeux vitreux et désagréables, mais pleins de résolution. Un masque d'indifférence n'arrivait pas à cacher l'inquiétude qu'éprouvait le paysan.

Ses bras pendaient ballants par la volonté; une question de M. Pequeyrolles les relevait brusquement et formait contraste avec l'attitude ennuyée que se donnait Chauffepié.

Des sourcils clair-semés ne parvenaient pas à dissimuler le regard ardent de l'homme qui profitait des rares instants où le juge d'instruction, penché sur son bureau, prenait des notes, pour chercher à se rendre compte des caractères tracés sur le papier qui devait décider de son sort.

Le paysan eût donné dix ans de sa vie pour déchiffrer de sa place ce que M. Pequeyrolles écrivait.

Afin de ne pas donner prise aux observations du gendarme qui le gardait, l'homme cessa de regarder le juge, laissa fléchir son corps; la tête retomba sur sa poitrine et s'adressant à son gardien :

— C'est tout de même long de passer sa matinée ici pour un enfant qui a pris quelques prunes.

Le gendarme resta muet, solennel, impassible.

La sonnette avait amené le concierge du palais de justice.

— Portez ceci immédiatement, dit le juge d'instruction en remettant une lettre au portier.

Puis, s'adressant à l'homme :

— Votre réputation n'est pas excellente dans le village que vous habitez, Chauffepié?

— Il y a toujours des jaloux.

— Jaloux de quoi? demanda M. Pequeyrolles.

Pendant une demi-heure le juge d'instruction posa avec une sorte de bonhomie diverses questions qui, dans tout autre cas, eussent donné à croire qu'il s'intéressait au prévenu; mais le paysan ne s'y trompait pas. Il voyait bien que son adversaire ferraillait avec lui momentanément pour s'entretenir la main.

— Le juge manigance quelque chose, se dit Chauffepié, qui de plus en plus se tint sur ses gardes.

Pendant que les deux hommes en présence se fatiguaient l'un à interroger, l'autre à répondre, on frappa à la porte.

— Entrez, dit M. Pequeyrolles.

A peine la porte s'ouvrit-elle que le juge d'instruction mit en présence de Chauffepié le maître-clerc de M. Ladureau.

— Reconnaissez-vous cet homme? demanda-t-il à ce dernier.

Un instant de silence se fit pendant que le prévenu et le témoin s'entre-regardaient.

— C'est le paysan qui est venu demander du papier timbré à l'étude la veille du jour où le vol a été commis, dit le clerc.

De nouveau, le prévenu déploya le mouchoir qui lui servait dans les moments critiques.

— Et vous, Chauffepié, demanda le juge pour la forme, vous devez vous souvenir d'avoir vu monsieur dans l'étude de M. Ladureau?

Pour cacher son trouble le paysan fit mine de s'emporter.

— Qu'est-ce que tout ça? s'écria-t-il. Est-ce que j'ai jamais mis le pied chez un notaire?... Demandez à tous ceux qui me connaissent si j'ai de la terre à vendre?... Du papier timbré à moi! Que voulez-vous qu'un pauvre malheureux qui n'a ni sou ni maille en fasse? Monsieur se trompe pour sûr.

— Vous affirmez que vous reconnaissez le prévenu et vous êtes prêt à signer votre déclaration? dit le juge au maître-clerc.

— Parfaitement. L'homme que voici est resté une demi-heure dans l'étude. C'est à moi qu'il s'est adressé en entrant; je l'ai prié d'attendre. Il s'est d'abord assis; puis, comme un homme fatigué de rester immobile sur un siége, il a arpenté le cabinet, est allé à la porte donnant sur la cour, et n'est revenu qu'au moment où je l'ai averti que les clients reçus par mon patron étaient partis. Alors il est entré chez M. Ladureau et en est sorti, au bout de quelques minutes, tenant à la main sa feuille de papier timbré.

— Voilà qui est précis, Chauffepié, dit le juge. Qu'avez-vous à répondre?

— Je ne puis dire qu'une chose, c'est

que monsieur me confond avec un autre... J'en prends le bon Dieu à témoin.

— Quel costume portait le prévenu? demanda M. Pequeyrolles au clerc.

— Le même qu'aujourd'hui, à peu de différence près... La blouse était peut-être plus neuve, la chemise plus blanche.

— Chauffepié, dit le juge, mettez votre chapeau et levez-vous.

— C'est bien l'homme, sauf qu'il avait apporté quelque soin à sa toilette. Il était rasé de frais.

— Comme un paysan qui va consulter à la ville, dit M. Pequeyrolles... Chauffepié, vous avez d'autres habits chez vous?

— Un sarrau pour le dimanche, à la mode des gens de la campagne.

— Veuillez signer votre déclaration, dit le juge au clerc; vous pourrez vous retirer ensuite.

Le clerc signa et sortit.

— Chauffepié, dit M. Pequeyrolles, vous êtes accusé de tentative d'homicide et de vol par effraction dans une maison habitée...

— En voilà une occasion! s'écria le paysan.

— Gendarme, conduisez le prévenu à la maison d'arrêt.

CHAPITRE XVI

CONFRONTATION DU CRIMINEL ET DE LA VICTIME

CHAPITRE XVI

CONFRONTATION DU CRIMINEL ET DE LA VICTIME

Averti aussitôt par son clerc de l'arrestation du coupable, M. Ladureau ressentit un de ces coups qui sont plus paralysants que douloureux.

— Ah! fit le notaire en se laissant tomber si lourdement sur une chaise que le clerc crut que son patron éprouvait une nouvelle émotion de l'attentat commis à son préjudice neuf mois auparavant.

Lui aussi, M. Ladureau, eut le crâne

mouillé comme l'auteur du crime; lui aussi éprouva le besoin d'éponger l'énorme boule de billard que les phrénologistes veulent bien appeler crâne. S'il eût assisté à ce singulier émoi, le juge d'instruction n'eût pas hésité à faire du notaire un complice de Chauffepié, tant chez les deux hommes l'émotion produisait les mêmes résultats.

Quand il fut un peu revenu à lui :

— Monsieur Pequeyrolles a-t-il parlé de moi ? demanda le notaire à son clerc.

— Il n'a pas prononcé votre nom.

Sans répondre, M. Ladureau passa dans son cabinet, quoiqu'il n'y entrât pas avec la jouissance d'un homme de bureau qui aspire au repos dans son fauteuil de cuir. La physionomie du notaire offrait quelque rapport avec la prostration du condamné dont la porte de la cellule est refermée à triple tour et qui sent qu'il ne peut échapper à son sort.

Mille questions se heurtaient dans l'esprit du notaire qui se cahotaient, secouaient son esprit et lui enlevaient le calme nécessaire aux situations critiques.

Pourquoi M. Ladureau n'avait-il pas été mandé au parquet avant son clerc? Pourquoi madame Pequeyrolles affectait-elle depuis quelque temps une politesse glaciale à l'endroit de la femme du notaire quand elle la rencontrait? Un enchaînement naturel résultait de ces deux faits qui se débattaient au milieu de tant d'autres d'importance égale dans l'esprit de M. Ladureau.

Avoir passé neuf mois plein d'anxiété, être parvenu à recouvrer le calme et retomber sous le joug d'appréhensions graves, semblait plus dur au notaire que d'être resté pendant le même espace de temps sous le coup d'une crise qu'au début on eût peut-être conjurée. C'était être foudroyé de nouveau, après avoir échappé aux premiers effets de la foudre.

Le bruit du trot d'un cheval qui se fit entendre au dehors dans la rue sur laquelle donnaient les fenêtres de l'étude, changea le cours des idées de M. Ladureau.

— Ce cheval va s'arrêter à la porte... Un gendarme, peut-être ! pensa le notaire, doué tout à coup de la seconde vue que donne la surexcitation des nerfs.

En effet, le cheval ralentit son trot pesant. La sonnette tinta.

— Monsieur, dit le clerc, un gendarme vous demande.

— Faites-le entrer, répondit M. Ladureau, qui à ce moment suprême reprit une sorte de calme.

Combien de pulsations marquait le pouls

du notaire quand le gendarme lui remit une grande enveloppe carrée, c'est ce que le juge eût été heureux de constater.

Lentement M. Ladureau déploya la lettre, épiant du coin de l'œil l'attitude du gendarme qui se tenait debout, la main sur son sabre. Par cette lettre le notaire était invité à passer dans l'après-midi au cabinet de M. Péqueyrolles.

— C'est bien, dit-il, en respirant plus librement.

M. Ladureau avait entrevu dans le lointain des menottes, une charrette, un soldat brutal, et il se trouvait en face d'un gendarme pacifique à qui la vue des bustes de Delvincourt et de Rogron, posés sur la bibliothèque, semblait commander le respect.

— Je vais être interrogé à mon tour, dit le notaire à son clerc en cherchant à se donner un ton de satisfaction.

Pour échapper à lui-même, M. Ladureau éprouvait le besoin de causer. Il interrogea longuement son clerc sur la façon de procéder de M. Pequeyrolles, insistant sur l'émoi qu'éprouve tout honnête homme d'être appelé à la barre.

— Un moment à passer, dit le clerc.

Ce moment pour le notaire équivalait à un siècle.

Après déjeuner, M. Ladureau fit une toilette somptueuse d'officier ministériel. Au grand étonnement de sa femme, il réquisitionna une chemise à jabot qu'il n'avait pas portée depuis ses noces; il plongea sa tête dans un bassin d'eau parfumée pour donner à son crâne un poli équivalent à celui des glaces de la manufacture de Saint-Gobain. Des manchettes, des escarpins furent également jugés nécessaires pour parfaire cette merveilleuse toilette. Et quand M. Ladureau se présenta dans le cabinet du juge d'instruction, celui-ci put s'apercevoir que cette tenue irréprochable était faite pour honorer la justice.

Malgré ces attentions pour Thémis, l'accueil de M. Pequeyrolles fut empreint d'une froideur mêlée de solennité qui commandait la réserve. Quand bien même M. Ladureau se fût mépris au point de traiter familièrement le juge d'instruction, un geste de celui-ci l'eût fait reculer aussitôt dans la direction d'une chaise située à quelque distance du bureau du magistrat. Il y avait du Minos dans l'attitude que prit M. Pequeyrolles vis-à-vis du notaire.

— Je vous invite, monsieur, dit le juge, à évoquer vos souvenirs les plus précis... Un homme est accusé de tentative de meurtre, de vol par effraction et de violation de domicile... Il s'agit pour cet homme de perdre la liberté, la tête peut-être... Vous savez combien sont sévères les jurés de cette contrée... C'est donc de vos réponses que j'attends l'éclaircissement d'une si grave affaire.

En même temps M. Pequeyrolles sonna, Chauffepié apparut, et ainsi qu'au maître-clerc le juge d'instruction demanda à M. Ladureau s'il reconnaissait le prévenu.

Le notaire secoua la tête négativement.

— Cependant, dit M. Pequeyrolles d'un ton de voix mal sonnant, vous avez déjà vu l'homme ici présent ?

— Je ne me rappelle pas...

— Il est entré dans votre cabinet, reprit le juge en accentuant ses paroles.

— C'est possible, mais je ne remets pas monsieur.

— Il vous a soldé une feuille de papier timbré.

— En effet, quelqu'un est entré chez moi dans ce but; mais je ne saurais reconnaître la personne.

— Dès le début de l'instruction, monsieur Ladureau, s'écria le magistrat avec une irritation qu'il ne cherchait pas à dissimuler, j'avais déjà remarqué de l'indécision dans vos réponses; je ne sais vraiment aujourd'hui qu'en conclure. Comment se fait-il que votre clerc ait reconnu immédiatement le prévenu?

— Il entre le samedi tant de clients dans mon cabinet...

— Le même nombre de clients passe par l'étude, et cependant le maître-clerc n'en perd pas la mémoire.

— Je n'ai pas pris garde à la personne qui me demandait du papier timbré.

— Chauffepié, continua M. Pequeyrolles, vous êtes entré un samedi du mois d'avril dernier chez monsieur.

— Je prends à témoin tous les saints du paradis du contraire, fit le paysan.

— Monsieur Ladureau, vous devez reconnaître au moins la voix du prévenu?

— Non plus.

— Que vous n'ayez pas regardé cet homme avec attention, ne soupçonnant pas le motif qui le faisait s'introduire chez vous, c'est possible; mais il vous a parlé. Vous l'avez écouté, puisque vous donniez satisfaction à sa demande; il est inadmissible que vous ne reconnaissiez pas sa voix.

— Tout souvenir de cette journée m'est échappé.

— Ainsi, monsieur, vous ne craignez pas de poser en témoin insignifiant dans cette affaire, dans une affaire capitale où se jouait la vie d'une femme à votre service...

Songez-y, c'est une mauvaise attitude que vous prendrez devant la Cour, devant le barreau, devant les jurés... Recueillez-vous, évoquez vos souvenirs!... Dressez-vous en face de cet homme! Qu'en présence d'une de ses victimes, le drame de la nuit du 30 avril le fasse pâlir et avouer son crime!

M. Ladureau resta sourd à cette invocation. Peut-être était-il froissé de trouver un tel ton autoritaire dans la bouche d'un magistrat avec qui il avait entretenu des relations cordiales. Mais surtout le notaire subissait la singulière influence des yeux vitreux de Chauffepié, qui lui entraient jusqu'à l'âme et le troublaient plus profondément que les injonctions du juge.

— Je me vois donc forcé, monsieur Ladureau, d'inscrire, à mon grand regret, que vous ne voulez pas répondre à mes questions.

— Pardon, je ne peux pas répondre, reprit le notaire piqué d'une semblable insistance.

— Vous avez oublié les traits du prévenu ; sa voix n'a pas laissé d'écho dans votre oreille, soit... Mais vous reconnaîtrez sans doute cet objet, dit avec un ton sarcastique le juge d'instruction en présentant à M. Ladureau son portefeuille.

Deux regards, chargés de divers courants, plongeaient actuellement dans la conscience du notaire, visiblement troublé.

— Oui, murmura-t-il après avoir manié le portefeuille.

— C'est heureux ! ajouta M. Pequeyrolles.

— Toutefois, reprit M. Ladureau, le portefeuille n'était pas dans cet état de dégradation quand il m'appartenait.

— Et ce portefeuille, continua le juge d'instruction, a disparu le jour du vol ?

Le notaire sentit, sans les voir, que les yeux de Chauffepié s'attachaient à sa personne avec une insistance particulière. La tête baissée, comme pour mieux regarder la pièce de conviction, M. Ladureau subissait de froids et inflexibles regards qui le remuaient profondément.

— Je ne pourrais affirmer absolument la date du jour où ce portefeuille m'a été dérobé.

— Cette fois, monsieur, dit le juge d'un ton tranchant qui ne permettait pas de réplique, vous êtes en contradiction avec votre première déclaration.

M. Pequeyrolles, étonné du mutisme et du louvoiement de M. Ladureau, s'aperçut seulement alors de l'oppression magnétique que Chauffepié exerçait sur le notaire.

— Gendarme, faites reculer le prévenu... Là, plus loin, dit le juge en assignant d'un geste l'encoignure du cabinet au paysan, de telle sorte qu'il ne pût influencer par des jeux de physionomie la déposition du témoin.

Le notaire sembla soulagé d'un poids considérable.

— Vous avez dit, lors de la première enquête, reprit M. Pequeyrolles, que le portefeuille était dans le double-fond d'un tiroir du bureau dont j'ai constaté moi-même la serrure forcée... C'est donc dans la nuit du 30 avril que le portefeuille a été dérobé... Le fait est acquis à l'instruction... Que contenait le portefeuille?

M. Ladureau leva des yeux suppliants vers le juge d'instruction.

— Voyons, parlez, dit M. Pequeyrolles sèchement.

— Quelques papiers... sans importance.

— Ainsi, pas de valeurs, pas de bons du Trésor, pas de titres au porteur?

— Non, monsieur...

— Mais enfin, quelle était la nature de ces papiers?

— Des notes, des brouillons.

— Chauffepié, demanda le juge, qu'avez-vous fait des papiers?

— Aussi vrai qu'il y a un Dieu, je n'en ai point connaissance, non plus que du portefeuille.

— Vos invocations à l'Éternel sont blasphématoires et ne changent rien à votre situation... Asseyez-vous... Quant à vous, monsieur Ladureau, vous pouvez vous retirer... L'affaire suivra son cours... Mais rappelez-vous l'insignifiance de vos dépositions; je vous avertis qu'en face des jurés, de vos concitoyens, de vos clients, il paraîtra au moins singulier qu'un officier ministériel ait la mémoire si paresseuse.

CHAPITRE XVII

LA COUR D'ASSISES

CHAPITRE XVII

LA COUR D'ASSISES

Rarement on vit une plus nombreuse réunion de bourgeois et de bourgeoises, d'administrateurs et de femmes de hauts employés du gouvernement qu'aux assises où fut jugé Chauffepié. Ce n'était pas tant, le crime qui attirait les curieux que le mystère dont continuait à s'envelopper M. Ladureau.

La femme du président du tribunal connut l'attitude du notaire pendant l'instruction et elle commit l'indiscrétion d'en parler devant sa cuisinière : à deux heures de là toute la ville avait connaissance du singulier système de la victime.

Les trois journaux du pays, *l'Observateur*, *le Guetteur* et *l'Éclaireur*, en laissèrent passer quelque chose en annonçant les prochains débats.

« Un certain mystère pèse sur l'affaire, disait *l'Observateur* : nos lecteurs sont avertis que nous suivrons de près un procès qui paraît appelé à prendre place dans les annales des crimes célèbres. »

De son côté, *le Guetteur* imprimait : « Nous sommes aux aguets; quoique notre phare soit élevé, nous avons pris nos dispositions pour entendre toute parole d'en bas. »

Reprenant le même système d'images qui avait prévalu depuis la fondation du journal, *l'Éclaireur* répliquait : « Si des rayons lumineux projetés avec soin sur un drame obscur peuvent être efficaces, il ne tiendra pas à nous que la lumière ne se fasse sur un crime qui a jeté la perturbation dans notre ville. »

Les lecteurs de ces diverses feuilles purent alors se rendre compte de la manière dont les trois organes comprenaient leur mission. Ce qui d'abord n'avait été qu'un événement dans les régions du tribunal se répandit dans la ville et les faubourgs, gagna le département, les provinces voisines, Paris, la France, l'Europe.

Au fond du procès gisait un secret. Une mine inépuisable pour la curiosité. Car il n'est guère de crime intéressant, dont la trame soit trop visible. Chauffepié eût été vulgaire sans M. Ladureau. Le notaire, victime du vol, servit de piédestal au voleur.

Le conseiller appelé à présider l'affaire,

entrevit un triomphe dans le lointain. Trois mois avant l'affaire il était harcelé de demandes d'entrée par les gens à la piste de sensations, les femmes à la mode, les reporters de journaux.

Pour donner plus de publicité aux débats, une rallonge fut adaptée à la cour d'assises, qui était d'une dimension exiguë ; le mur, séparant la salle du parloir, fut abattu. On construisit des tribunes pour les dames, et les conseillers municipaux n'hésitèrent pas à charger de ces frais le budget de la ville, disant que l'argent qui entrerait dans le pays par le canal des hôteliers et des restaurateurs, compenserait de semblables dépenses.

S'il avait été vaniteux, Chauffepié eût fait parade de la renommée que lui valait son crime, car il fut sollicité par les principaux avocats de la ville d'être défendu par eux. Le prévenu ne crut pas devoir accepter ces propositions. Il ne voulait pas être assisté par un avocat du pays.

Le bruit se répandit (ce fut *le Guetteur* qui en eut la primeur) qu'un jeune avocat du barreau parisien viendrait défendre l'accusé.

Le directeur de la prison, informé de la volonté de Chauffepié, avait pensé que ce procès pouvait servir la réputation d'un sien cousin qui végétait à Paris, cherchant des causes sans les trouver. N'était-ce pas une occasion unique que d'offrir à un jeune stagiaire les moyens de plaider en pleine lumière, activée surtout par les trois réflecteurs de la publicité du pays?

L'avocat accepta avec joie, et vint immédiatement conférer de l'affaire avec l'accusé.

Après un certain délai trop long pour les

curieux, les assises s'ouvrirent enfin, et Chauffepié parut.

Ainsi que les criminels trop longtemps attendus, le paysan sembla vulgaire. Son crime était prouvé rien que par l'acte d'accusation ; aucun alibi ne pouvait donner le change.

Chauffepié fut jugé, par les connaisseurs, un vulgaire effracteur qui en aurait pour quelques années de bagne. Une misère pour laquelle vraiment il n'était pas nécessaire de déranger un avocat de Paris.

Mais quand M. Ladureau comparut à la barre, toute l'assistance fut frappée, comme le juge d'instruction, de la restriction que le notaire apportait à sa déposition. Quoique le témoin fût serré de près par le président, il fut impossible d'en tirer quelque éclaircissement nouveau, et chacun remarqua les regards dont Chauffepié enveloppait sa victime.

Malgré tout, la déposition du maître-clerc triompha. Le portefeuille saisi sur l'enfant, l'enquête faite dans le village prouvant par vingt témoignages que, depuis six mois, le fils de Chauffepié portait le sac à son col, la reconnaissance absolue du paysan par le clerc, ne laissaient aucun doute à quiconque.

Dix ans de travaux forcés paraissaient devoir récompenser les efforts d'un homme qui escaladait des murs et s'introduisait chez un notaire pour y voler vraisemblablement la caisse.

La représentation semblait manquée, c'est-à-dire plate et sans intérêt pour les gens qui cherchent un spectacle dans les audiences de cours d'assises, lorsqu'un incident changea la face des débats, non pas vulgaire ni semblable à ceux que mentionne journellement la *Gazette des Tribunaux*, mais d'un ordre tout à fait particulier et comme, de mémoire de magistrat, il s'en déroule rarement dans le prétoire de la justice.

Les débats avaient suivi leur cours habituel.

Après la lecture de l'acte d'accusation par le greffier, le président avait interrogé tour à tour le prévenu, les témoins, sans qu'aucun fait saillant se fût produit. Cependant l'assistance faisait contre fortune bon cœur, attendant impatiemment la plaidoirie de M⁰ Nogaret. Un avocat parisien qui parle en province n'est pas sans analogie avec une élégante du bois de Boulogne qui entrerait, conduisant son attelage par les rues d'une petite ville.

L'attitude du défenseur avait été irréprochable pendant le cours des débats. Il n'avait pas tracassé les témoins, n'avait ni engagé de polémique avec le procureur du roi ni forcé le président à le rappeler à l'ordre : ainsi il s'était conquis la sympathie du tribunal.

L'affaire était devenue plaidable, non pas bonne au point de la gagner : il s'agissait seulement d'enlever quelques années de galères au prévenu et, par sa façon d'être, l'avocat s'était attiré les bonnes grâces du président.

Aussi quand M⁰ Nogaret se leva, la toque à la main, un profond silence se fit dans le public.

— Messieurs les jurés, dit l'avocat, je vous étonnerai peut-être en vous disant que, dans ma conscience, Chauffepié est coupable.

Les oreilles se dressèrent. Rarement on

avait vu un défenseur débuter par un pareil coup porté à son client.

— Je ne saurais partager le système de Chauffepié, continua M⁰ Nogaret; il nie être entré par escalade dans la maison de M. Ladureau, moi j'avoue.

Le procureur du roi parut inquiet. Un tel plaidoyer renversait de fond en comble son réquisitoire laborieusement élaboré. Si l'avocat s'emparait des arguments du ministère public, fallait-il que l'accusateur officiel devînt le défenseur? En effet, M⁰ Nogaret s'attachait aux pas et démarches de Chauffepié, depuis son prétexte pour s'introduire dans l'étude la veille du vol, et il démontrait victorieusement que le paysan, et non pas un autre, devait en encourir la responsabilité.

Chacun se regardait avec étonnement, se demandant quels étranges avocats le barreau de Paris formait actuellement, qui, se débarrassant du rôle de la défense, arboraient une toge accusatrice.

Les regards allaient du prévenu à l'avocat, cherchant si les deux gendarmes dont le prévenu était flanqué suffisaient pour l'empêcher de tomber à bras raccourcis sur celui qui l'entraînait dans un si mauvais pas.

Chauffepié voilait ses yeux de la main et nul ne pouvait suivre ce qui se passait sur sa physionomie pendant cette étrange plaidoirie.

Sur l'escalade du mur de M. Ladureau, sur l'entrée du prévenu dans le cabinet, sur le bureau forcé, Me Nogaret était implacable. Son client avait tout fait, à lui seul. Il ne l'avouait pas, il avait tort, tout à fait tort.

En écoutant cette plaidoirie, le président

se demanda s'il ne convenait pas d'arrêter l'avocat qui entrait dans une voie si fâcheuse et d'interroger l'accusé pour entendre confirmer de sa bouche qu'il avait confiance dans un pareil système; mais la crainte de produire un incident d'audience amena seulement le président à faire signe au gendarme le plus rapproché de Chauffepié de le faire changer d'attitude.

La main qui masquait sa figure n'était pas dans l'ordre. La justice veut voir la honte, le remords se peindre sur la face des accusés.

Le gendarme ayant obéi à l'ordre du président, Chauffepié laissa voir une physionomie qui ne paraissait nullement choquée de la défense de l'avocat.

M⁰ Nogaret n'avait pas été sans se rendre compte des inquiétudes de la cour et du public. En ce moment il abordait la question des liens de la servante, nécessités par le seul être qui pût donner l'alarme aux gens du premier étage.

— C'était, disait l'avocat, pour la réussite de son entreprise que Chauffepié travaillait. Il avait bâillonné la vieille domestique, mais sans mauvaises intentions.

Le procureur du roi respira en entendant cette thèse. Il fallait enlever à la pénalité qui attendait inévitablement le voleur, cette accusation de meurtre probable si la servante s'était défendue et avait appelé à son secours. En passant l'éponge sur ce fait, M⁰ Nogaret appartenait à la classe des gens habiles qui lâchent un pois pour demander une fève. Mauvais système dont les dessous étaient trop visibles. Le procureur du roi en devint rayonnant. Le jeu que lui faisait son adversaire était trop beau : son réquisitoire se recalait grâce à la maladresse de l'avocat. Il était facile au ministère public d'obtenir des jurés dix années de bagne de plus.

— Voilà ce qu'il en coûte d'être défendu par un Parisien, se disaient les avocats du pays en haussant les épaules.

Il s'échappe des grandes assemblées des courants qui trompent rarement les orateurs : ils sentent s'ils ont le public pour ou contre eux ; aussi voit-on dans les mauvaises causes les avocats réputés les plus habiles crier, suer, se fatiguer comme une vieille rosse qui essaie de déloger une charrette de l'ornière. M⁰ Nogaret ne paraissait pas subir l'influence des courants contraires qui partaient de divers points de la salle : calme, il continuait sa plaidoirie comme si des encouragements flatteurs étaient venus caresser son oreille.

— Ce jeune homme est décidément naïf,

souffla le président à un vieux juge voué à l'assoupissement et que, pour l'honneur du tribunal, il était bon de tenir en éveil.

Cependant, M⁶ Nogaret insistait sur le passé de son client. Sa réputation était médiocre dans le village, comme celle de beaucoup de gens qui, n'ayant pas de profession, ont fort à faire pour exercer leurs bras; pourtant on ne l'avait jamais vu se livrer à une voie de fait envers quiconque. Comment cet homme, qui avait des enfants et qui les élevait, il est vrai, en bohémiens, eût-il tout d'un coup pensé à se défaire par un meurtre d'une vieille femme qui n'offrait nulle résistance? Cela était inadmissible.

Quant au vol, M. Ladureau ne savait pas au juste le compte de ses pièces de monnaie. Si Chauffepié eût été voleur de profession, on eût trouvé de l'argent dans la perquisition faite chez lui. Hors quelques sous étalés sur la cheminée, rien. Le magistrat instructeur avait fait fouiller la masure du paysan : peine inutile. On avait défoncé le petit jardin attenant à la cabane, rien encore. Dans le grenier, rien ; rien dans le cellier. Ce n'était donc pas un voleur de profession qui s'était introduit dans la maison de M. Ladureau : chacun sait que tout notaire a une caisse, et l'instruction établissait que les pas du prévenu n'étaient pas tournés dans la direction de la caisse.

— Cependant, ajouta M® Nogaret, mon client s'est introduit par escalade et avec effraction, je ne peux l'innocenter sur ce point, dans une habitation qu'il eût dû respecter. Qu'y allait-il faire? Je vous le dirai tout à l'heure.

Un murmure de satisfaction se manifesta

dans l'assistance, qui jusqu'alors n'avait pas saisi le plan de défense de l'avocat.

— Messieurs les jurés, reprit M⁰ Nogaret, des abîmes particuliers minent le cœur de l'homme... Les observateurs croient connaître la nature humaine pour avoir étudié quelques types. Il en est de l'homme comme de la science : la pénétration des passions amène tous les jours d'étranges découvertes qui confondent l'imagination. En apprenant le mobile qui faisait agir mon client, je me suis demandé si je possédais mon bon sens ; je me suis demandé encore s'il m'était permis d'accepter une pareille défense. J'avais des preuves sous les yeux, entre les mains, et je ne savais plus si je voyais, si je touchais... Eh quoi ! voilà un homme qui risque de recevoir un coup de fusil en s'introduisant nuitamment dans une maison habitée, qui fait trois mois de prévention dans un cachot, qui risque le bagne pour posséder un papier auquel n'aurait pas pris garde l'instruction, si le magistrat chargé de la diriger avait pu le tenir entre les mains comme je l'ai tenu... C'est un fait matériel et palpable; vous y croirez à peine quand je vous en donnerai les preuves, quand vos yeux liront comme les miens.

En ce moment l'attention était portée à son comble. Un silence absolu régnait dans la salle et les avocats de la localité ne se moquaient plus de leur confrère.

— Ce jeune homme est plus fort que je ne croyais, dit le président au juge assoupi qu'il poussa du coude.

Quant au ministère public, il était dans l'anxiété, se demandant si encore une fois son système d'accusation allait être renversé.

Dans la salle, les assistants eussent remarqué l'attitude de M. Ladureau, si l'attention qu'ils portaient aux paroles de l'avocat n'eût pas été profonde. La tête basse, le notaire sentait que fatalement l'heure était venue pour lui d'être mêlé aux débats.

Comme il avait prudemment agi en enjoignant à madame Ladureau de rester à la maison ! Cependant, par instinct, le notaire tourna la tête vers les tribunes, et aperçut sa femme qui n'avait pas cru devoir obtempérer à son ordre.

Accablé par ce trait nouveau qui détruisait son autorité, M. Ladureau s'affaissa sur son banc, percevant à peine la parole de l'avocat qui avait repris sa défense après une pause calculée.

Me Nogaret apprenait alors à la foule pendue à ses lèvres qu'il existait dans le département une société d'hommes reliés entre eux par des lois particulières, que ces hommes se réunissaient à de certaines dates dans des banquets pour y célébrer leurs mystères.

— Je ne voudrais pas mettre en cause une personne honorable, ajouta le défenseur; pourtant il me faut vous signaler un des témoins actuels du procès qui faisait partie de cette coterie.

Tous les regards alors se portèrent sur le notaire, dont l'attitude indiquait assez qu'il ne protestait pas contre une telle assertion.

— Chauffepié, reprit l'avocat, avait eu vent de cette association; initié par quelques mots imprudemment sortis de la bouche d'un des membres habitant le village, le secret avait aiguillonné sa curiosité, vous en aurez la preuve tout à l'heure. Il conçut le projet de se rendre maître du secret; vous avez vu l'accusé à l'œuvre. Il réussit et rapporta de son escalade la pièce de conviction que voici.

A ce moment, M° Nogaret tira de son portefeuille une feuille de papier qu'il agita d'une main en l'éloignant avec affectation de sa personne. Ce papier, d'un ton verdâtre comme les impressions du commencement du siècle, était encadré d'ornements typographiques. L'avocat promena avec lenteur la pièce au-dessus de sa tête pour que toute l'assistance pût la voir. Chacun remarqua la précaution qu'il mettait à la tenir écartée de sa respiration comme une substance dangereuse qu'un chimiste manipule.

Le titre de notaire appelle l'idée de succession. Avec terreur, les témoins voisins de M. Ladureau s'écartèrent d'un homme qui employait sans doute, dans l'intérêt d'héritiers pressés et dans le sien propre, des moyens empruntés à l'arsenal de la Brinvilliers. On n'en pouvait douter à l'éloignement que l'avocat faisait subir à la feuille de papier en la replaçant sur son pupitre.

— Voilà, messieurs les jurés, dit M⁰ Nogaret, le véritable chef d'accusation sur lequel vous aurez à vous prononcer. La pièce a échappé à toutes les recherches de la justice; c'est vous dire l'importance que mon client y attachait. Comment a-t-elle été découverte? Ce n'est pas affaire à moi de vous le dire.

Le procureur du roi, visiblement ému à la révélation d'un nouveau fait criminel, s'allongeait sur son fauteuil et se cramponnait aux bras pour s'exhausser : il eût donné à cette heure un prix considérable d'un tabouret de piano à hausse mobile pour planer au-dessus de ce papier et en lire le contenu.

— Messieurs les jurés, dit l'avocat en

agitant de nouveau le mystérieux papier, je vous ai dit que le cœur de l'homme contenait des abîmes insondables, je ne veux pas tarder à vous faire pénétrer dans l'abîme. Quel que soit l'effet produit sur vos consciences par cette révélation, je vous la devais et je m'en lave les mains.

Sur un signe de Mᵉ Nogaret, l'huissier prit le papier et le porta au président.

Un calme de plomb régnait dans l'assistance. Les yeux se faisaient grands pour saisir l'impression que ferait cette communication sur le chef du tribunal. Mais le président reçut la pièce avec une indifférence affectée, ne voulant pas que le public constatât que les débats étaient menés par un avocat, et surtout un avocat du barreau parisien.

— Est-il bien utile, Mᵉ Nogaret, que je prenne communication de cette pièce qui allonge les débats tout à coup?

— Un simple coup d'œil de monsieur le président suffira, je l'espère, dit l'avocat qui se mit au ton de cette indifférence.

Pour bien montrer à l'auditoire qu'il laissait la défense libre dans tous ses moyens, le président se rendit à la demande du défenseur. Mais ses yeux distraits, en se portant sur le papier, devinrent tout à coup d'une fixité particulière.

Clignant des paupières comme un homme qui a mal lu, le président, de ses deux mains, fit une visière au-dessus de ses yeux, de telle sorte que leur ombre, jointe à celle de sa tête inclinée sur le bureau, empêcha le public de suivre l'étrange contraction qui se peignait sur sa physionomie.

Après avoir réfléchi un instant, le président passa la pièce au procureur du roi, qui se jeta dessus comme un gourmand sur un pâté de foie gras.

Également, les traits du ministère public subirent une altération bizarre, et un désagréable froncement de sourcils dénota combien le magistrat était affecté de la refonte que vraisemblablement ce document imprévu devait faire subir à son réquisitoire.

Pendant que le procureur du roi lisait, le président se concertait avec les juges qui l'assistaient, et leur parlait à voix basse avec force gestes dont le public eût bien voulu se rendre compte.

— Messieurs les jurés, dit le président, la pièce que la défense vient de communiquer au tribunal est d'un ordre si particulier et peut modifier tellement la nature des débats, que nous allons délibérer en chambre du conseil sur l'usage qu'il convient d'en faire. La séance est levée pour un quart d'heure. Gendarmes, emmenez le prévenu.

Chauffepié descendit du banc des accusés en échangeant un coup d'œil avec son défenseur. Ce mouvement ne fut pas perdu pour le public, avide de contempler l'avocat qui venait de remporter une première victoire. Aussi son banc fut-il entouré par les confrères qui avaient si mal pronostiqué au début de sa plaidoirie.

Ce n'était pas, toutefois, le désir de complimenter leur collègue qui poussait à cette démarche les membres du barreau : ils étaient avides de connaître le contenu de la pièce qui impressionnait si vivement les esprits ; mais Mᵉ Nogaret, se tenant sur la réserve, déclara à ses confrères qu'à son grand regret il fallait attendre l'avis du tribunal pour la divulgation de son système de défense.

Dans la salle, on commentait bruyamment l'incident, et Chauffepié, dépouillé de sa peau d'accusé vulgaire, bénéficiait du mystère de la pièce importante qu'il avait pu soustraire à ses gardiens.

Au bout d'une demi-heure, qui avait paru démesurément longue au public, une sonnette se fit entendre, et l'huissier ouvrit les portes en criant :

— La Cour, chapeau bas !

Lentement et avec gravité, les juges remontèrent sur leurs siéges. Le président prit la parole.

— En regrettant, dit-il, que cette pièce n'ait pas été communiquée plus tôt au tribunal, la Cour a jugé, après délibération, qu'elle ne pouvait sans danger être lue en présence du public.

Un violent murmure se fit entendre parmi les assistants, qui crurent que le huis-clos allait être prononcé.

— Maître Nogaret, dit le président, vous paraissez vouloir donner de nouvelles explications... S'il est question de la pièce soumise à l'appréciation de la cour, je n'ai pas besoin de vous recommander d'apporter en cette circonstance tout le tact dont vous avez fait preuve jusqu'ici.

— Je n'ai qu'un mot à dire, reprit l'avocat... J'aurais certainement communiqué la pièce au tribunal; mais je n'en ai eu connaissance que ce matin, dans un dernier entretien avec mon client.

— Comment, demanda le président, la pièce a-t-elle échappé aux perquisitions des agents de l'autorité, c'est un fait que je charge le ministère public d'éclaircir plus tard. Pour le moment, je vais la faire passer sous les yeux de messieurs les jurés en les invitant à ne faire aucune observation de vive voix, quelque stupéfaction qu'ils éprouvent.

Solennellement, l'huissier transmit la pièce au chef du jury.

A ce moment l'émotion du public était portée à son comble. Dans le prétoire, des flux et reflux indiquaient les violentes passions de la foule; chacun se haussait sur la pointe des pieds, et les dames braquaient leurs lorgnettes sur les jurés qui, moins rigides que les magistrats, devaient laisser poindre plus facilement leurs impressions.

A peine au début de sa lecture, le chef des jurés poussa un *hum!* étranglé qui serait sans doute passé inaperçu s'il n'avait été suivi de trois *hum!* successifs annonçant le besoin de se donner une contenance, joints à un mouvement de physionomie tout à fait particulier.

Sans oser regarder son voisin, il lui passa la pièce ; mais la gêne du chef du jury était visible. Il tournait la tête du côté opposé au public, et des soubresauts singuliers agitaient ses épaules.

Le second juré, un fermier des environs, homme peu lettré qui avait l'habitude de lire toute écriture de loin, écarta le papier à une certaine distance, ce qui permit à ses voisins de jeter en même temps un coup d'œil sur l'imprimé. Arrivé au milieu de sa tâche, le fermier ferma les paupières, et, avec des signes visibles d'excessive volonté, pinça, du mieux qu'il put, ses grosses lèvres; toutefois, il ne put empêcher un énorme éclat de rire de s'échapper de son gosier, ce qui lui valut un coup de genou du chef du jury, qui ayant malheureusement regardé la face épanouie de son voisin, se laissa lui-même aller à un entraînement si insolite.

— Silence! fit l'huissier pour combattre les murmures de la foule.

Le papier circulait dans les bancs des jurés, dont il provoquait l'hilarité. C'étaient des bouches fendues jusqu'aux oreilles, des gens qui se renversaient sur leurs chaises dans des accès de bonne humeur, des mouchoirs mis en réquisition pour comprimer des manifestations intempestives.

— Toute marque d'approbation ou de désapprobation sera sévèrement punie par moi, dit le président pressentant les bouffées de joie qui gagnaient le public.

Mais était-il possible d'empêcher la maladie de s'infiltrer dans l'assistance, en présence des jurés qui ne pouvaient maîtriser leurs accès de gaieté bruyante?

Le silence renaissait un instant pour être rompu par la comique convulsion d'un membre à qui la pièce était passée : rires communicatifs qui semblaient n'attendre qu'une occasion pour faire écho.

Sans doute les jurés regrettaient leur conduite. Les plus petits se tapissaient derrière les plus grands; mais ceux-ci ne pouvaient cacher leurs yeux humides de gaieté.

Chauffepié, sentant que l'attention était portée vers le banc des jurés, en profitait pour les regarder avec le sourire sarcastique qui avait tant pesé sur M. Ladureau dans le cabinet du juge d'instruction.

Quant au notaire, son affaissement, qui n'avait pas diminué, se trahissait par des myriades de petites gouttelettes brillantes perlant sur la peau de son crâne. D'une main convulsive il froissait son jabot, comme s'il se fût jugé, à l'avenir, indigne de porter une telle toilette.

Le papier mystérieux était parvenu au dernier banc des jurés, et une hilarité contagieuse avait gagné ceux qui, jusqu'alors, n'avaient pu prendre connaissance de la pièce. Ce banc, plus élevé que les autres, montra les jurés dans tout leur épanouissement.

Les uns se renversaient sur le dos de leurs

voisins en mouillant de larmes leurs habits ; d'autres se mouchaient avec des sons de mirlitons.

Ceux-ci murmuraient : *Ah ! là ! j'étouffe !*

C'étaient des gorges déployées qui agitaient les poitrines comme des vagues, des tressautements de ventres semblables aux bonds des jeunes chevreaux sur les montagnes. Certains rires comprimés imitaient le sifflement de pièces d'artifice s'élançant dans les airs ; d'autres rappelaient des tourne-broche détraqués. Et quand l'orage paraissait s'éteindre, à quelques pas il éclatait de plus bel, bruyant et prolongé.

Le public qui, d'abord, avait regardé cette scène avec stupéfaction, était excité par les diverses phases de cette gaieté qui offrait toutes les nuances, depuis l'ombre jusqu'à l'explosion.

Les dames se montraient, en souriant, ces gens touchés par l'épidémie.

Se voilant la face, le président essayait d'échapper aux courants vertigineux qui enlevaient le juge son voisin lui-même à son assoupissement habituel.

Seul, le procureur du roi n'abandonnait pas le poste de la vindicte publique. Il semblait protester, dans son for intérieur, contre le public, contre les jurés, contre le président qui avait eu la malencontreuse idée de permettre qu'une pareille pièce de conviction fût introduite au cours des débats. Mais ni ses gestes autoritaires, ni ses regards foudroyants pour rappeler l'assistance au calme, ne parvenaient à rétablir l'ordre.

— Vous avez lu, messieurs les jurés? demanda le président alors que la pièce revenait de main en main vers le chef du jury. Huissier, apportez-moi ce papier.

Avec solennité, l'huissier obéit. Mais, dans l'intervalle qui sépare le banc des jurés des siéges des magistrats, ayant eu l'imprudence de jeter les yeux sur le papier, aussitôt le même phénomène se produisit et amena le plus irrévérencieux éclat de rire que le tribunal eût entendu jusque-là.

— Misérable! s'écria le procureur du roi en appelant la vengeance de Thémis sur la tête du malheureux huissier qui se roulait sur les marches du tribunal, en proie à un trépignement qui faisait voler au vent son petit manteau noir.

Cette dernière incartade gagna le public et une explosion d'allégresse, qui se répercuta comme le tonnerre dans les montagnes, fit retentir les voûtes du palais.

Il est difficile d'empêcher de geindre un vieux bahut qu'on ouvre. Tout ce monde riait comme un coffre. Des houles étaient produites dans la foule par la dilatation de la rate qui se communiquait aux intestins, agitait les corps, remuait les jambes, colorait les faces et rendait perplexe le pharmacien de la ville. Lui aussi se gendarmait contre cette bonne humeur qui partait du cœur et secouait la bile dont la stagnation est la source la plus féconde de la fortune des apothicaires.

— Qu'on chasse les perturbateurs ! s'écria le procureur du roi, devenu vert d'indignation.

Le silence à peu près rétabli, sauf de petites boutades de joie qui se manifestaient comme des fusées après un feu d'artifice tiré, le procureur du roi se leva, et, les traits empreints de l'affliction que leur communiquait un tel scandale:

— Messieurs les jurés, dit-il d'une voix grave, le fâcheux incident qui vient de se produire ne me paraît pas de nature à vous laisser l'esprit assez libre pour prononcer votre verdict. Cette pièce, dont la production ne me semblait pas indispensable, en raison des charges énormes qui pèsent sur l'accusé, la Cour n'avait pas prévu qu'elle produirait un effet si désastreux. On vous l'a soumise; le résultat a été contraire au but que la justice cherchait à atteindre. Vous sentez-vous, dans votre âme et conscience, assez calmes pour décider du sort de l'accusé? Je ne le crois pas. Et pourtant Chauffepié, narguant la justice, croit échapper, en produisant une pièce sur l'effet de laquelle il comptait, au châtiment mérité par son crime ! S'il plaît à la Cour de prendre ma requête en considération, je demande que l'affaire soit renvoyée à une autre session.

— Je pose des conclusions contraires, s'écria Me Nogaret.

— Il est de mon devoir, dit le président, de faire la part égale à l'accusation et à la défense. M⁰ Nogaret, veuillez formuler vos conclusions.

L'avocat écrivit rapidement et lut :

— Attendu, dit-il, qu'aucun vice de forme n'a entravé la marche des débats jusqu'ici, qu'un accès de gaieté, si considérable qu'il soit, ne saurait arrêter le cours de la justice, que dans des procès criminels, où une tête est en jeu, des témoignages de gens naïfs et illettrés ont parfois provoqué l'hilarité momentanée de l'assistance sans empêcher le verdict des jurés, je demande qu'il plaise à la Cour de passer outre et d'inviter le magistrat chargé de l'accusation à prononcer son réquisitoire.

— Les plus grands philosophes, reprit le procureur du roi, s'accordent à faire de la joie une prédisposition à la bienveillance. Le jury ne peut siéger avec une semblable propension.

— Doit-il être porté à la malveillance? s'écria l'avocat. Ce que les législateurs ont demandé à l'institution du jury, c'est la liberté d'esprit. La gaieté laisse le cœur libre et ne touche pas à l'indépendance des opinions.

— Brutus, reprit le procureur du roi, n'eût pas condamné son fils après avoir vu jouer une comédie de Plaute.

— Une pièce comique d'Aristophane, répondit l'avocat, a conduit Socrate à boire la ciguë.

Ce fut, entre les deux adversaires, une passe intéressante sur les effets du rire; mais le président, après avoir consulté les juges, y coupa court.

— Conformément à la requête du procureur du roi, dit-il en se levant, la Cour renvoie l'affaire à une autre session. Gendarmes, faites évacuer la salle.

CHAPITRE XVIII

L'HUISSIER VICTIME DES DÉBATS

CHAPITRE XVIII

L'HUISSIER VICTIME DES DÉBAT

La foule s'écoula avec des sensations d'un ordre particulier qui n'offraient rien de commun avec les contre-coups amenés par un verdict sévère; mais un certain nombre de curieux, groupés à la porte de l'escalier du palais, attendaient, non pas tant le prévenu que les personnages devenus acteurs dans le drame par leur singulière attitude au dénoûment.

Les jurés se faisaient attendre, peu soucieux sans doute de se mettre en contact avec des êtres bruyants dont les propos goguenards éclataient dans la cour du tribunal. Toutes sortes d'inductions et de commentaires plaisants circulaient dans les groupes où pétillaient des regards malicieux et des bouches sardoniques.

— Les voilà! cria un galopin niché près de la porte.

Aussitôt, comme dans les grandes attentes, le silence se fit, et les membres du jury passèrent un à un ou se donnant le bras; mais l'arc-en-ciel de la gaîté ne rayonnait plus sur leurs physionomies. Ils baissaient la tête, semblaient n'oser affronter les regards du public, pinçaient les lèvres, fronçaient les sourcils, se contenant et faisant effort sur eux-mêmes pour paraître graves. Cette solennité de commande ne pouvait en imposer au public à la vue d'un juré qui, piteusement, tenait son pantalon par la ceinture, l'incident de l'audience ayant communiqué au ventre une sorte de danse de Saint-Guy qui avait eu raison facilement des boutons du vêtement.

Ce fut un vif désappointement pour les curieux qui ignoraient qu'à l'issue de l'audience le président avait invité les membres du jury à garder le secret sur la pièce qui leur avait été communiquée.

L'attitude contrainte des jurés faisait passer le public par d'étranges alternatives, et comme la foule a toujours besoin d'un héros, d'un bouffon ou d'une victime, ce fut un personnage de second plan qui porta ce triple fardeau.

L'huissier-audiencier Quinard, dont la profession prêtait autant à la rancune qu'à la raillerie, eut l'imprudence de sortir du tribunal alors que la vivacité des impressions de la foule n'était pas apaisée.

— Quinard! Voilà Quinard! fut un cri général.

L'huissier était le seul sur qui les gens comptaient maintenant pour avoir connaissance du secret.

Une immense et sardonique huée accueillit Quinard quand il dépassa le seuil de la cour d'assises. Son petit manteau d'audiencier, qui avait paru gonflé de joie quand son propriétaire se tordait sur les marches du tribunal, était resté fantastique dans l'esprit de la foule.

L'huissier parut avec la gravité tendue d'un procureur général. Lui aussi avait reçu des instructions du président.

Les cris redoublèrent, irrespectueux et plaisants, comme si l'audiencier eut vendu des calembours à cent pour un sou.

— Ohé! Quinard!

— Gueux de Quinard!

— Farceur de Quinard!

La foule forma cercle autour de l'huissier, avec des huées, des grimaces, des bouches fendues jusqu'aux oreilles, qui faisaient penser aux diables sculptés sur le portail de la cathédrale voisine. Quinard eût été condamné aux flammes éternelles qu'il n'eût pas été reçu autrement par les divinités infernales.

Serré de près par le cercle de gens qui allait sans cesse se rétrécissant, l'huissier pouvait à peine lever les mains au ciel pour le prendre à témoin de son innocence. C'étaient mille tapes facétieuses et désagréables qui l'émoustillaient de tous côtés, pendant qu'éclataient de gros rires, des sifflets, des cris d'animaux, mêlés à des chatouillements de mollets, aux environs desquels des gamins étaient parvenus à se glisser.

L'huissier se demanda s'il n'allait pas périr par l'application d'un système de torture inconnu à l'inquisition, et, comme il suppliait qu'on le laissât tranquille, une large main lui enfonça son chapeau jusqu'à la bouche, pour lui enlever sans doute l'affreux spectacle de ses habits, dont un pan, une manche, une jambe, restaient aux mains de la foule aux désirs inassouvis.

Les masses se grisent du spectacle des loques. Un huissier dont la figure était enfouie dans un feutre crevé, des loques d'habits par les trous desquels s'échappait la chemise, des bretelles battant la breloque, formaient un spectacle de mardi-gras à la fin de décembre. Le patient pouvait en vain hurler de rage, poussé sans cesse en avant par une masse compacte de gens qui criaient : *Ohé*,

Quinard! à la plus grande stupéfaction des bourgeois qui ouvraient leurs fenêtres sans s'expliquer cette trombe humaine.

L'huissier, heureusement, fut rencontré par le commissaire de police sur la place de l'Hôtel-de-Ville, au moment où, pour tout costume, il n'allait plus lui rester que ses bottes. Une joie féroce s'était emparée à un tel point de la foule, que le malheureux Quinard était menacé de subir le sort des infortunées princesses auxquelles des maris barbares chatouillaient jadis la plante des pieds.

Le poste des gardes nationaux, à proximité de l'Hôtel-de-Ville, vint en aide au chef de la police municipale, et l'huissier put échapper aux mains des barbares.

Tout excès de joie a sa fin plus rapide que la mélancolie, et quoique des événements de semblable nature ne soient pas fréquents dans une petite ville, à la longue l'affaire Chauffepié avait déjà considérablement perdu d'intérêt quand, par décision du ministre de la justice, les débats furent portés devant une autre cour d'assises.

Le secret de M. Ladureau ne fut pas connu, le président, en vertu de son pouvoir discrétionnaire, ayant déclaré que la pièce produite par l'accusé pour sa défense n'avait aucuns rapports avec son crime et serait écartée des débats.

Chauffepié, redevenu criminel vulgaire, fut condamné à dix ans de travaux forcés. Et M. Ladureau reconquit assez vite la confiance de ses concitoyens pour être appelé, cinq ans plus tard, à les représenter à la municipalité en qualité d'adjoint du maire.

Plus d'une fois, il est vrai, le notaire se trouva en rapport avec des clients de la campagne qui, l'abordant avec un sourire narquois, lui disaient :

— Vous ne me remettez pas, M. Ladureau ; j'étais juré dans l'affaire Chauffepié.

Si le notaire baissait la tête, le fermier le forçait à la relever en frappant sur le ventre de M. Ladureau.

— Quand les affaires ne vont pas, disait un de ces paysans, je pense à la séance de la cour d'assises et je me fais un verre de bon sang.

Il semblera peut-être singulier qu'un secret, connu de tant de gens, eût été gardé si longtemps : les jurés, siégeant dans cette session, ne venaient à la ville que pour des affaires d'intérêt, et retournaient à leurs fermes sitôt leurs comptes terminés.

Les magistrats étaient assez graves pour ne pas souffler mot d'une telle aventure. L'huissier Quinard, de peur d'être berné de nouveau, avait renoncé à jamais aux délices du café de la Comédie.

Il fallut que plus tard, dans un déjeuner de garçons, l'avocat Nogaret, racontant cette affaire que les convives qualifiaient de fable, exhibât la pièce dont il avait conservé copie. C'est de ce document qu'a pu prendre connaissance le conteur qui ne saurait se dispenser plus longtemps de satisfaire de légitimes curiosités.

CHAPITRE XIX

PRÉPARATION A LA CONNAISSANCE DU SECRET

CHAPITRE XIX

PRÉPARATION A LA CONNAISSANCE DU SECRET

Au moment de faire connaître aux lecteurs le secret de M. Ladureau, l'auteur n'est pas sans éprouver quelques appréhensions de diverses natures, au nombre desquelles se dresse la question du respect de la femme.

Chercher le moyen d'empêcher les dames de lire un ouvrage, c'est le leur présenter tout ouvert. Toute barrière sur laquelle est écrit : *Ne passez pas par ici,* n'est-elle pas regardée par les femmes comme une invitation spéciale à leur adresse de suivre ce chemin?

Aussi, pour s'épargner toute récrimination de la part de celles qui voudraient quand même avoir leur part du *Secret de M. Ladureau*, l'auteur a cherché longuement un moyen ingénieux et ses efforts ont été couronnés de succès, comme on en jugera quelques pages plus loin par l'adaptation d'une sorte de ceinture de chasteté, appliquée au dénouement dudit volume.

Il eût trop coûté à une nature d'engendrer dans les esprits féminins le *ssss* révolté que fait entendre l'eau versée sur un fer rouge. L'auteur a déjà suffisamment à se précautionner contre certaines détractions inévitables des hommes.

A quels dangers expose le comique, les châtiments qu'il peut amonceler au-dessus de la tête d'un être assez naïf pour chercher à égayer ses concitoyens, le conteur ne l'ignore pas. Cependant, après avoir étudié la vie et l'œuvre de quelques membres de l'Institut, il a recouvré une certaine tranquillité en constatant qu'une pointe de gaieté avait, à diverses époques, fait sourire la muse grave dont la statue se dresse dans une niche, au-dessus du bureau du président de l'Académie française.

Grâce à ce rayon de bonne humeur, introduit sous la coupole du palais Mazarin, certains esprits de deuxième ordre ont pu se glisser dans les rangs des immortels célèbres par leur génie : ces esprits inférieurs avaient su dérider leurs contemporains au moment voulu.

Le philologue La Monnoye fut-il nommé de l'Académie pour sa brochure *De Amazonibus dissertatio*, ou pour les amusants *Noei Borguignon de Gui Barozai?*

Grosley entra-t-il à l'Académie des Inscriptions pour son mémoire de l'*Influence des lois sur les mœurs* ou sa *Dissertation sur un ancien usage?*

Le comte de Caylus fut-il reçu à la même Académie des Inscriptions pour sa *Dissertation sur les papyrus* ou sa facétie des *Écosseuses*, pour le savant ouvrage *Numismata aurea Imperatorum romanorum* ou pour la fameuse *Histoire de Guillaume, cocher?*

On peut encore se demander si les portes de l'Institut s'ouvrirent pour Denon, l'auteur du joli conte *Point de lendemain,* ou pour le metteur en œuvre des deux in-folios du *Voyage en Égypte.*

Étant constaté que les ouvrages facétieux de ces écrivains ont plus contribué à leur gloire que leurs livres philologiques ou philosophiques, au premier rang des bibliothèques de lettrés délicats on trouve l'*Histoire du roi de Bohême et de ses sept châteaux*, de Charles Nodier, et non ses *Prolégomènes d'un système universel et raisonné des langues*.

Un des plus grands esprits de ce siècle, Balzac, qui avait, à lui seul, autant de génie que l'Académie tout entière, et qui, peut-être, n'y fut pas admis pour ce motif, ne dut la puissance nécessaire à l'exécution du monument de *la Comédie humaine* qu'en se trempant à la source des vieux conteurs et en rompant sa plume aux exercices des *Contes drôlatiques*.

Sterne, qui fut ministre protestant, a publié ses sermons. On les a traduits en français... Qui les a lus? Mais chacun connaît les gaillardises semées à profusion dans *The life and opinions of Tristram Shandy, gentleman*.

Sans étendre plus loin la liste, il semble résulter de ces divers exemples que les études ardues provoquent par réaction chez l'homme qui y est voué, des bouffées de gaieté d'autant plus considérables qu'elles ont été longuement comprimées. Le cerveau a besoin d'alternances, et on pourrait, en vertu de cette loi, affirmer que le savant M. Littré a un tiroir de son bureau rempli de contes d'une extrême jovialité.

Une peste éclate à Florence, décimant la population. L'effroi produit par l'épidémie entre dans toutes les habitations. C'est alors que, pour ranimer le moral de ses concitoyens, Boccace écrit le *Decaméron*.

L'auteur a été poussé impérieusement à écrire le livre actuel par des circonstances qui ne sont pas sans analogie avec la peste de Florence. Invasion de la France par l'étranger, revers et défaites sans éclaircies, insurrection parisienne, guerre civile, toutes ces blessures de la nation, si vives et si cruelles qu'elles semblaient appartenir à la classe des mauvais rêves, devaient à la longue prédisposer le conteur à un état d'esprit particulier à certaines natures aux époques de troubles.

Bien d'autres raisons, toutes de poids, pourraient être exposées pour la justification de l'auteur, s'il avait à se justifier de ne pas respecter l'art et le public.

Il préfère ne pas retarder plus longtemps l'ouverture du portefeuille de M. Ladureau, et alors quelques-uns se réjouiront-ils de connaître le secret qui doua d'une santé florissante un être chétif et maigre, secret qui n'a été publié que dans l'intérêt de la santé des lecteurs.

CE QUE CONTENAIT

LE PORTEFEUILLE

BREVET

Les Présidents et Conseillers de la Société des F....s-P.....s, fondée dans le but de conserver aux individus en état de civilisation le caractère de bonne humeur nécessaire aux rapports sociaux;

Rappelons à tous les membres qui ont été jugés dignes d'entrer dans cette philanthropique association,

Que le sieur Ladureau, notaire, a obtenu le titre d'adhérent pour les motifs qui suivent :

Sujet depuis de longues années à de

fâcheuses incarcérations de gaz dans le jejunum, lesquels, manquant de force d'impulsion, ne produisent pas les résultats bienfaisants que leur liberté occasionnerait, M. Ladureau est obligé, par suite de ces vapeurs, de quitter d'importantes consultations de sa clientèle pour aller, dans le corridor contigu à son étude, leur donner le congé qu'elles réclament. N'ayant trouvé aucun soulagement dans une compression barbare desdites vapeurs, le demandeur a exposé les faits suivants qui méritent attention :

1° En diverses circonstances, le sieur Ladureau a laissé échapper de traîtresses exhalaisons qui ont pu, par leur odeur concentrée, aggraver l'état des malades qui le mandaient, en qualité d'officier ministériel, pour recevoir leurs dernières instructions. En un cas notamment, ledit sieur Ladureau, appelé à faire signer le testament d'un moribond, crut pouvoir se laisser aller en toute liberté à sa licence; devenu impératif et violent par cela même qu'il était fortement comprimé, ce gaz fit accourir les héritiers, persuadés qu'un tel bruit était produit par le vol de l'âme du défunt;

2° En une autre occasion, ledit sieur Ladureau ayant commis l'imprudence de vouloir dissimuler ses jouissances, alors qu'il lisait un projet de mariage en présence de deux futurs et de leur famille, fut entraîné, malgré lui, à une formidable explosion; alors, pendant que les futurs se regardaient avec anxiété, les grands parents froncèrent le sourcil, se demandant quel était le coupable, et un projet d'union convenablement assortie faillit ne pas aboutir:

Considérant que le sieur Ladureau, que la nature a fait sincère et bruyant par des voies détournées, ne peut se livrer à ses ébats autant qu'il le souhaiterait;

Voulant favoriser de tout notre pouvoir les hommes doués de semblables dispositions;

Avons permis au sieur Ladureau, eu égard à sa profession, de se livrer, quand il n'en pourra être autrement, à quelques dérivations modestes qui seront secrètement englouties dans les profondeurs du rond de cuir de son fauteuil, lui accordant à cet effet le titre de membre adhérent.

Actuellement, le sieur Ladureau sollicite le titre de membre actif, qui enjoint à tous de ne pas se contraindre et de se prononcer partout, hautement, méthodiquement, sans effort.

Pour ce faire, le sieur Ladureau, admis en notre présence, a pris connaissance des articles de notre Charte.

Lui avons demandé comment il procédait habituellement aux enchères notariées, a répondu que la coutume dans le canton où il exerce ses fonctions est de procéder à l'adjudication par extinction des feux;

Lui avons posé la question si une détonation vigoureuse et sonore n'attesterait pas plus nettement la clôture des enchères que le mot : adjugé;

Le sieur Ladureau a répondu qu'en effet l'honnête laboureur, qui, à la sueur de son front, acquiert un lopin de terre, croirait bien plus à la validité de l'adjudication par suite d'une démonstration naturelle qui lui est familière.

Trois épreuves ont eu lieu, la bougie placée sur le bureau du secrétaire qui en a consigné les résultats.

M. Ladureau ayant pris position à dix pas, son artillerie s'est écartée complétement; à cinq pas, la flamme de la bougie a vacillé, indécise; à trois pas seulement le coup a porté, et l'obscurité s'est faite immédiatement.

En vertu de quoi, le sieur Ladureau a été reçu, aux acclamations de tous, membre actif de la Société des F....s-P....s, et au commandement de : Feu! une décharge générale de gaz hilariants, produite par les membres du bureau, a clos cette intéressante séance[1].

[1] En marge du procès-verbal, le Secrétaire avait ajouté qu'un des Conseillers présents eût été mis à l'amende pour n'avoir pas obéi au commandement et avoir fait feu à volonté, si l'allégresse générale, produite par une si brillante réception, n'eût atténué la rigueur des règlements. Le Conseiller, accusé de ce *coda* malencontreux, était le procureur du roi chargé de porter la parole dans l'affaire Chauffepié.

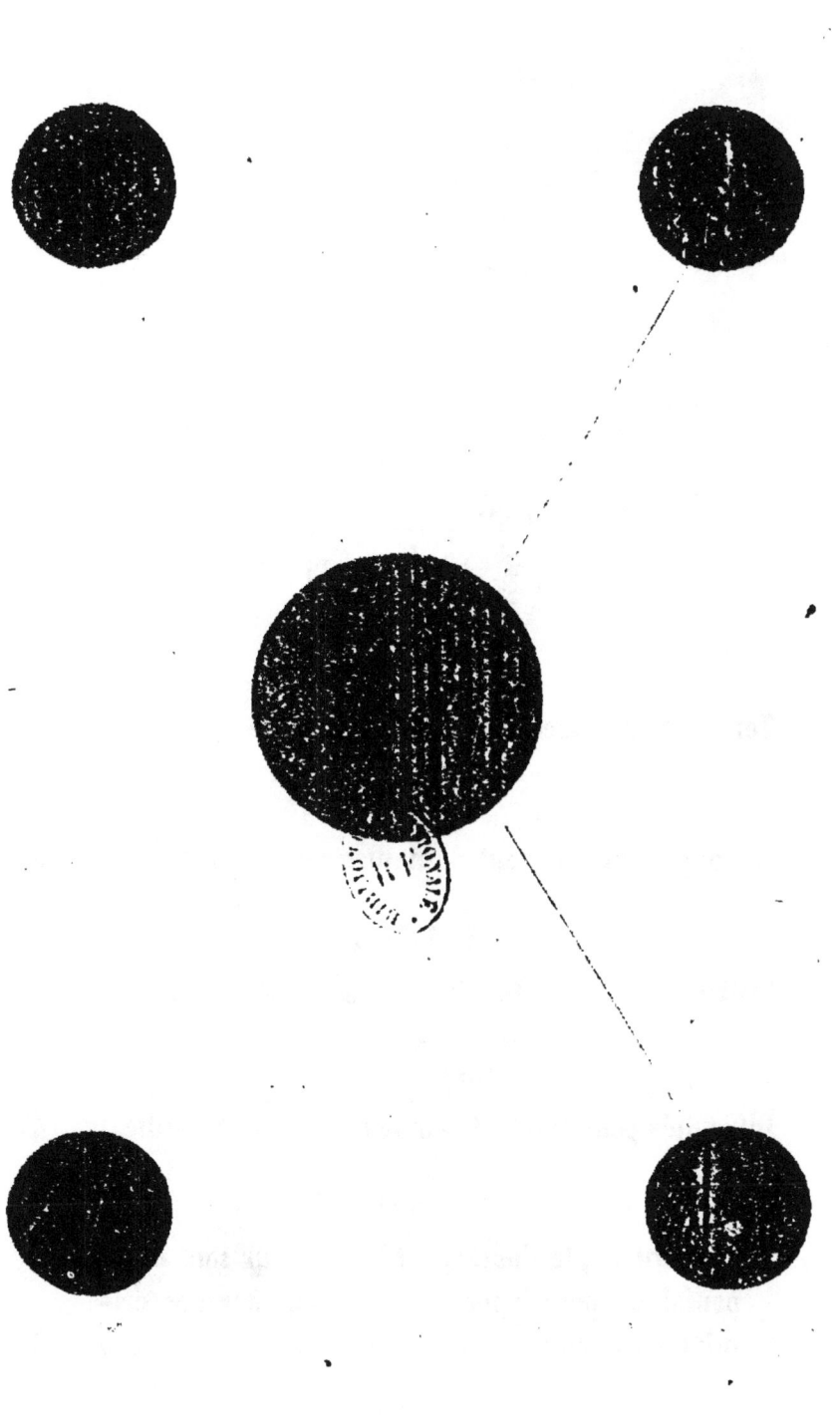

TABLE DES MATIÈRES

CHAPITRE PREMIER.
Terribles angoisses nocturnes. 5

CHAPITRE II.
Les angoisses changent de nature sans se dissiper. . 21

CHAPITRE III.
Instruction criminelle difficile dès le début. . . . 29

CHAPITRE IV.
Difficultés pour établir la couleur d'un portefeuille. . 43

CHAPITRE V.
L'*Observateur*, le *Guetteur* et l'*Éclaireur* sont indispensables pour appeler l'attention sur des criminels impunis. 5

CHAPITRE VI.

Phénomène physiologique inexpliqué par la science.   65

CHAPITRE VII.

L'esprit de madame Ladureau travaille.   75

CHAPITRE VIII.

Du rôle des femmes intelligentes dans la magistrature.   85

CHAPITRE IX.

Roses et lapins.   105

CHAPITRE X.

Un bouquet, deux bouquets.   117

CHAPITRE XI.

Délicatesses culinaires provoquées par le charme des choses de la nature.   127

CHAPITRE XII.

Du fil à retordre pour la magistrature.   139

CHAPITRE XIII.

Bizarreries dans les façons d'agir habituelles produites par le travail des inductions.   157

TABLE DES MATIÈRES.

CHAPITRE XIV.
Tyrannies domestiques.. 181

CHAPITRE XV.
Assemblage des mystérieuses initiales. 189

CHAPITRE XVI.
Confrontation du criminel et de la victime. . . . 209

CHAPITRE XVII.
La cour d'assises. 225

CHAPITRE XVIII.
L'huissier victime des débats. 265

CHAPITRE XIX.
Préparation à la connaissance du secret. 277

Ce que contenait le portefeuille.. . . . .

A LA MÊME LIBRAIRIE

HONORÉ BONHOMME
Louis XV et sa famille d'après des lettres et des documents inédits. 1 vol. gr. in-18 jésus. 3 50

CHAMPFLEURY
Histoire de la caricature antique, 2e édition. 1 vol. gr. in-18 orné de 100 gravures. . . . . . 5 »

Histoire de la caricature moderne, 2e édition. 1 vol. gr. in-18 orné de 90 gravures. . . . . . 5 »

Histoire de la caricature au moyen age, 1 volume grand in-18 orné de 90 gravures. . . . . . 5 »

Histoire de la caricature sous la Révolution, l'Empire et la Restauration. 1 vol. gr. in-18 jésus orné de 95 gravures. . . . . . 5 »

Histoire des faiences patriotiques sous la Révolution. 1 vol. gr. in-18 orné de gravures. . . . . . 5 »

Histoire de l'imagerie populaire. 1 vol. gr. in-18 avec 50 gravures. . . 5 »

L'Hôtel des commissaires priseurs. 1 vol. gr. in-18. . . . . . 3 »

Souvenirs et portraits de jeunesse. 1 vol. 3 50

C. DESNOIRESTERRES
Les Cours galantes, histoire anecdotique de la société polie au XVIIIe siècle. 4 vol. in-18. . . . . . 12 »

VICTOR FOURNEL
Ce qu'on voit dans les rues de Paris. 1 fort vol. gr. in-18. . . . . . 3 50

Les spectacles populaires et les artistes des rues, tableau du vieux Paris. 1 vol. gr. in-18. . . . . . 3 50

ÉDOUARD FOURNIER
L'Esprit des autres recueilli et raconté. 4e édition. 1 vol. in-18. . . . . . 3 »

L'Esprit dans l'histoire, recherches sur les mots historiques. 3e édition. 1 vol.

Le Vieux-Neuf, histoire ancienne des découvertes modernes, nouvelle édition, 3 vol. gr. in-18 jésus. . . . . . 15 »

Histoire du Pont-Neuf, 2 vol. in-18, avec photographie. . . . . . 6 »

La Comédie de J. de La Bruyère. 2 vol. in-18. . . . . . 6 »

La Valise de Molière, 1 vol. gr. in-18 jésus, sur papier vergé. . . . . . 5 »

PAUL FOUCHER
Les Coulisses du passé, histoire anecdotique du théâtre depuis Corneille. 1 fort vol. gr. in-18. . . . . . 3 50

CHARLES DESMAZE
La Sainte-Chapelle du Palais de Justice de Paris, monographie et recherches historiques. 1 vol. gr. in-18 avec gravures. 5

GEORGES D'HEILLY
Dictionnaire des pseudonymes, révélations sur le monde des lettres, du théâtre et des arts. 2e édition. 1 fort vol. gr. in-18 jésus. . . . . . 6 »

ARSÈNE HOUSSAYE
Galerie du XVIIIe siècle. 4 vol. gr. in-18 jésus.
I. — La Régence, 1 vol. . . . 3 50
II. — Louis XV, 1 vol. . . . 3 50
III. — Louis XVI, 1 vol. . . . 3 50
IV. — La Révolution, 1 vol. . . 3 50

JULES JANIN
La Fin d'un monde et du Neveu de Rameau, nouvelle édition revue et augmentée. 1 vol. gr. in-18 jésus. 3 50

M. DE LESCURE
Les Maitresses du Régent. 1 fort vol. in-18. . . . . . 4 »

Les Confessions de l'Abbesse de Chelles. 1 vol. in-18. . . . . . 3 »

Nouveaux mémoires du maréchal, duc de Richelieu (1696-1788), rédigés sur des documents authentiques. 4 vol. gr. in-18 jésus. . . . . . 14 »

AMÉDÉE PICHOT
Souvenirs intimes de M. de Talleyrand. 1 vol. gr. in-18. . . . . . 3 50

CH. POISOT
Histoire de la musique en France, depuis les temps les plus reculés jusqu'à nos jours. 1 vol. in-18. . . . . . 4 »

CH. NISARD
Des Chansons populaires chez les anciens et chez les Français, essai historique suivi d'une étude sur les chansons des rues contemporaines. 2 vol. gr. in-18 avec gravure. . . . . . 10 »

LOUIS XVI
Journal particulier, publié sur des documents inédits par Louis Nicolardot. 1 vol. gr. in-18, papier vergé. 5 »

H. DE VILLEMESSANT
Mémoires d'un journaliste, 4 vol. gr. in-18 jésus. . . . . . 12 »

ED. WERDET
Souvenirs de la vie littéraire. 1 vol. gr. in-18 jésus. 3 40

www.ingramcontent.com/pod-product-compliance
Lightning Source LLC
Chambersburg PA
CBHW071526160426
43196CB00010B/1680